HERZOG
AUGUST
BIBLIOTHEK

Wolfenbütteler Forschungen 163

Herausgegeben von der
Herzog August Bibliothek Wolfenbüttel

Wolfenbüttel 2021

Annett Martini

Zwischen Offenbarung und Kontemplation

Die Wolfenbütteler hebräischen Schriftrollen

mit Beiträgen von Ad Stijnman und Dagmara Budzioch

Gedruckt aus Mitteln der Förderung durch das Bundesministerium
für Bildung und Forschung (BMBF).

Bibliografische Information der Deutschen Nationalbibliothek:
Die Deutsche Nationalbibliothek verzeichnet diese Publikation in der Deutschen
Nationalbibliografie; detaillierte bibliografische Daten sind im Internet über
http://dnb.dnb.de abrufbar.

Bibliographic information published by the Deutsche Nationalbibliothek:
The Deutsche Nationalbibliothek lists this publication in the Deutsche Nationalbibliografie; detailed bibliographic data are available on the Internet at
http://dnb.dnb.de.

© Herzog August Bibliothek Wolfenbüttel 2021

Das Werk einschließlich aller seiner Teile ist urheberrechtlich geschützt.
Jede Verwertung außerhalb der engen Grenzen des Urheberrechtsgesetzes ist
ohne Zustimmung der Bibliothek unzulässig und strafbar.
Das gilt insbesondere für Vervielfältigungen jeder Art, Übersetzungen,
Mikroverfilmungen und für die Einspeicherung in elektronische Systeme.
Gedruckt auf alterungsbeständigem, säurefreiem Papier.

Vetrieb: Harrassowitz Verlag in Kommission, www.harrassowitz-verlag.de
Druck: Hubert & Co. GmbH & Co. KG BuchPartner, Göttingen
Gestaltung: anschlaege.de
Printed in Germany

ISBN 978-3-447-11468-4
ISSN 0724-9594

Inhalt

Geleitwort	7
Vorwort	9
1. Einleitung	11
1.1 Die »Arbeit des Himmels«: Eine ideale Torarolle aus rabbinischer Perspektive	13
Rituell reine Schreibhäute	14
Koschere Tinten	17
Das Layout	20
Die Schrift	25
1.2 Bestimmung von Alter und Herkunft einer Torarolle	29
2. Die Magdeburger Torarolle Cod. Guelf. 148 Noviss. 2°	32
2.1 Die Geschichte der Magdeburger Torarolle	32
2.2 Die materialen Eigenschaften der Magdeburger Torarolle	35
2.3 Ungewöhnliche Buchstaben und Krönchen	44
3. Die Torarolle Cod. Guelf. 149 Noviss. 2°	53
3.1 Die materialen Eigenschaften der Rolle	53
3.2 Die symbolische Bedeutung des gewickelten *pe*	58
4. Die Torarollenfragmente	65
4.1 Das Torarollenfragment Genesis 1,1–7,2 (Cod. Guelf. 187 Noviss. 2°)	65
4.2 Das Torarollenfragment Numeri 3,16–6,3 (Cod. Guelf. 188 Noviss. 2°)	67
4.3 Die Fragmente Cod. Guelf. 159 Noviss. 2° und Cod. Guelf. 160 Noviss. 2°	69
5. Die Wolfenbütteler Rollen Ester und Hohelied	73
5.1 Die fünf *Megillot* und die Praxis ihrer Herstellung	73
5.2 Das Fragment einer *Megillat Ester* (Cod. Guelf. 189 Noviss. 2°)	77
5.3 Die vollständige *Megillat Ester* (Cod. Guelf. 190 Noviss. 2°)	83
5.4 Die *Megillat Schir ha-Schirim* (Cod. Guelf. 191 Noviss. 2°)	85
6. Die illuminierten Rollen *Megillat Rut* (Cod. Guelf. 192 Noviss. 2°) und *Kohelet* (Cod. Guelf. 193 Noviss. 2°)	87
6.1 Das Bildprogramm der *Megillat Rut* (Cod. Guelf. 192 Noviss. 2°)	93

6.2 Das Bildprogramm der *Megillat Kohelet*
(Cod. Guelf. 193 Noviss. 2°) — 95

6.3 AD STIJNMAN:
Die Kupferstiche der *Megillot Rut* und *Kohelet* — 99

7. DAGMARA BUDZIOCH:
Verzierte Ester-Rollen illustriert von dem Prager Kupferstecher Philipp Jakob Franck — 106

8. ANNETT MARTINI:
Schlussbemerkung — 118

Forschungsliteratur — 119

Farbabbildungen — 123

Personenregister — 145

Abkürzungen

BC	= Braginsky Collection, Zürich
HAB	= Herzog August Bibliothek Wolfenbüttel
HUC	= Hebrew Union College – Jewish Institute of Religion, Cincinnati
JM London	= The Jewish Museum, London
JM New York	= The Jewish Museum, New York
KL, HUC	= Klau Library, Hebrew Union College
SBB	= Staatsbibliothek zu Berlin – Preußischer Kulturbesitz

Bildnachweis

Ad Stijnman mit Hilfe von Katharina Mähler: Abb. 89–102, Farbabb. 3–8, 28 f.
Annett Martini: Abb. 12, 14, 15 a–b, 63–77, 80–88 b
Herzog August Bibliothek Wolfenbüttel: alle übrigen Bilder
Public domain polonia.pl: Abb. 107
Staatsbibliothek zu Berlin – Preußischer Kulturbesitz: Abb. 10, 17, 35 b, 36 b
The Jewish Museum, New York: Abb. 103–106, Farbabb. 10, 12, 14, 16, 18, 20, 22, 24, 27, 30–34

Geleitwort

Als ich vor wenigen Monaten die Druckfahnen des vorliegenden Buches las, war mein erster Gedanke: Ja, in der Tat, die Arbeit des Toraschreibers ist die »Arbeit des Himmels«, ganz so, wie es eine Anekdote im Babylonischen Talmud überliefert, die auch die Verfasserin zitiert. Denn nicht nur, dass die Untersuchung das handschriftliche Kopieren liturgischer Texte auf horizontalen Pergamentrollen minutiös vor Augen führt. Sie versteht es zudem, dabei tiefe Einblicke in die jüdische Schriftkultur und Schrifttradition zu eröffnen. Gleichzeitig gelingt es ihr, die besondere Bedeutung der zehn hebräischen Schriftrollen und Schriftrollenfragmente erkennbar werden zu lassen, die in der Herzog August Bibliothek bewahrt werden. Man muss es so deutlich sagen: Bislang konnte allein die vollständig erhaltene sogenannte »Magdeburger Torarolle« aus dem 14. Jahrhundert judaistisches Interesse finden – und auch sie lediglich am Rande. Die zweite, etwas jüngere, ebenfalls vollständig erhaltene Torarolle aus dem späten Mittelalter hingegen blieb mehr oder weniger unbeachtet, was auch für die drei Torarollenfragmente sowie die anderen Rollen und Rollenfragmente aus der frühen Neuzeit bzw. aus dem 19. Jahrhundert gilt.

Hinzu kommt: Die Forschungen, die in die vorliegende Untersuchung mündeten, hatten auch »interne« Folgen. So erhielten die beiden Torarollenfragmente Genesis 1,1 – 7,2 und Numeri 3,16 – 6,3 sowie die *Megillot* Ester, Hohelied, Rut und Prediger überhaupt erst Mitte 2020 aus Anlass dieser Forschungen Handschriftensignaturen, um inventarisiert werden zu können. Vor allem aber: Mit den Forschungen zur vorliegenden Untersuchung gewann auch die Frage nach der Provenienz der Rollen und Rollenfragmente neue Bedeutung, vor allem jener, die erst 1939 in die Bibliothek gelangt sind. Besitzstempel belegen, dass die vollständige Ester-Rolle sowie die *Megillot* Hohelied, Rut und Prediger aus dem Besitz der 1928 geschlossenen Samson-Schule in Wolfenbüttel stammen. Woher aber kommen die Torarollenfragmente und das Ester-Fragment? Möglicherweise gehörten sie der jüdischen Gemeinde in Wolfenbüttel, deren Synagoge in unmittelbarer Nachbarschaft zur Herzog August Bibliothek 1938 zerstört wurde. Das Akzessionsbuch der Bibliothek verzeichnet sie unter dem 1. November 1939 mit den Nummern 1939/643 – 645 – und weist sie als Geschenk der Gauleitung aus. Die letzten Mitglieder der Gemeinde wurden 1943 verschleppt. Um die Frage nach der Herkunft der genannten Rollenfragmente zu beantworten, führt die Herzog August Bibliothek inzwischen weitere Forschungen durch, die sie seit Ende des vergangenen Jahres auch auf spätere antiquarische Erwerbungen ausgeweitet hat – im Rahmen eines Projekts, das vom »Deutschen Zentrum

Kulturgutverluste« gefördert wird. Das aber heißt auch: Die vorliegende Untersuchung kann dazu beitragen, dass Restitutionen möglich werden.

Ich möchte vor diesem Hintergrund Annett Martini ganz herzlich danken und auch Dagmara Budzioch und Ad Stijnman in diesen Dank einschließen. Die vorliegende Untersuchung ist ein gewichtiger Beitrag zur jüdischen Schriftkultur und Schriftkunst seit dem späten Mittelalter und damit auch zum Jubiläum »1700 Jahre jüdisches Leben in Deutschland«.

Peter Burschel, Wolfenbüttel, am 1. März 2021

Vorwort

Die Herzog August Bibliothek in Wolfenbüttel bewahrt zehn hebräische Schriftrollen bzw. Schriftrollenfragmente auf, die aus unterschiedlichen Gründen zu den besonders kostbaren Überlieferungen der jüdischen Schriftkultur zählen. Von diesen Rollen fand allein die vollständig erhaltene »Magdeburger Torarolle« (Cod. Guelf. 148 Noviss. 2°) aus dem 14. Jahrhundert wegen ihres hohen Alters – wenn auch nur marginal – Beachtung innerhalb der jüdischen Studien. Eine etwas jüngere, ebenfalls vollständig erhaltene Torarolle (Cod. Guelf. 149 Noviss. 2°) sowie drei Torarollenfragmente, die in die frühe Neuzeit zu datieren sind, wurden bislang jedoch in keiner Weise gewürdigt, obwohl auch sie seltene Einblicke in ein vernachlässigtes Gebiet der hebräischen Handschriftenkunde geben.

Neben den Torarollen beherbergt die Herzog August Bibliothek fünf weitere hebräische Schriftrollen bzw. Schriftrollenfragmente. Dazu gehören eine *Megillat Schir ha-Schirim* (Hohelied-Rolle), zwei *Megillot Ester* (Ester-Rollen) sowie zwei von einer Hand geschriebene Rollen Prediger und Rut. Letztere stechen nicht nur aufgrund ihrer aufwendigen Illuminierung durch Kupferstiche und Miniaturmalereien aus dem Schriftrollenkonvolut heraus. Die beiden Handschriften gewähren auch wertvolle Einblicke in die Herstellungspraxis von dekorierten *Megillot*, die im 17. und 18. Jahrhundert eine Blütezeit in Europa erlebten.

In diesem Band der *Wolfenbütteler Forschungen* sind diese hebräischen Schriftrollen erstmals ausführlich beschrieben und durch die exemplarische Einbeziehung vergleichbarer Manuskripte in die jüdische Handschriftentradition eingeordnet worden. Als Einleitung in die komplexe Thematik widmet sich das erste Kapitel der rabbinischen »Konstruktion« einer rituell reinen Schriftrolle und religiösen Ikone sowie den wichtigsten materialen Eigenschaften einer Torarolle. Die Kapitel 2 und 3 diskutieren die Geschichte, die materialen Eigenheiten und symbolische Aspekte des Schriftbildes der beiden vollständig erhaltenen Wolfenbütteler Torarollen zwischen den beiden Polen Offenbarung und Kontemplation, während das vierte Kapitel daran anschließend die Torarollenfragmente der Sammlung beschreibt.

Der Untersuchung der Wolfenbütteler *Megillot* in Kapitel 5 und 6 ist eine Zusammenfassung der weitaus weniger strengen Herstellungsregeln für diese Schriftsorte vorangestellt. Dem folgt eine eingehende Untersuchung der Rollen in materialer sowie kunsthistorischer Hinsicht. Da die Recherche interessante Übereinstimmungen mit den bildlichen Elementen von Ester-Rollen aus der Werkstatt des Prager Kupferstechers Philipp Jakob Franck ergab, ergänzt Dagmara Budzioch als eine ausgewiesene Expertin für Ester-Rollen in Kapitel 7 die Darstellung der Wolfenbütteler illuminierten Rollen mit der Beschreibung einiger Prager Handschriften. Darüber hinaus trägt Ad Stijnman im Abschnitt 6.3 mit seiner Expertise zur Analyse der Kupferstiche der Wolfenbütteler *Megillot* bei.

Ich möchte an dieser Stelle für die freundliche Unterstützung bei der Umsetzung dieses Buchprojekts danken; allen voran Christian Heitzmann (HAB), der die Publikation der Studie in dieser Wolfenbütteler Reihe angestoßen und tatkräftig unterstützt hat. Almuth Corbach und Katharina Mähler (HAB) gebührt mein Dank für ihre Zeit, Geduld und wertvollen Hinweise bei der gemeinsamen Sichtung der *Megillot*. Ohne Bertram Lesser (HAB), der mir hilfreiches Archiv- und Katalogmaterial zu den hebräischen Schriftrollen zusammengestellt hat, wäre die Aufarbeitung der Bibliotheksgeschichte der Handschriften schnell an Grenzen gestoßen.

Ich danke – auch im Namen von Dagmara Budzioch – besonders Emile Schrijver (Jüdisches Historisches Museum/Universität Amsterdam) für die Unterstützung und vielfältige Anregungen bei der Untersuchung illuminierter Ester-Rollen. Last but not least möchte ich Sharon Liberman Mintz (Jewish Theological Seminary New York) für ihre ansteckende Begeisterung und Bereitschaft, ihr beeindruckendes Wissen mit anderen zu teilen, danken.

1. Einleitung

In der hebräischen Schreibkunst nehmen die bis heute ausschließlich auf horizontale Pergamentrollen geschriebenen Artefakte eine besondere Stellung ein, die in der Antike begründet liegt. In der rabbinischen Literatur, deren früheste Zeugnisse im dritten Jahrhundert niedergeschrieben wurden, ist eine bemerkenswerte Metamorphose der einfachen Torarolle mit den fünf Büchern Moses zu einem heiligen Artefakt, das nun als Vertreter Gottes *die* zentrale Rolle im synagogalen Ritus spielt, zu beobachten. Mit dieser Verwandlung vom gewöhnlichen Schriftträger zum außerordentlichen Kultgegenstand übertrugen die Rabbiner die Heiligkeit des Gotteswortes auch auf die materialen Eigenschaften der Rollen und entwickelten bis in die Spätantike hinein einen umfassenden Regelkanon, der die Herstellung von koscheren Torarollen – und bis zu einem gewissen Grad auch der *Megillot* – festlegte. Um diesen Schreibregeln das nötige autoritative Gewicht zu verleihen, präsentierten die religionsgesetzlichen Gelehrten diese Vorschriften als einen Teil der sogenannten »mündlichen Tora«, die Moses neben der »schriftlichen Tora« – das sind die fünf Bücher Moses – am Berg Sinai von Gott empfangen habe. Mit diesem Kunstgriff, der übrigens auch auf die Mischna, den Talmud und andere antike rabbinische Literatur angewandt wurde, konnte die ursprüngliche Offenbarung kommentierend an neue historische Umstände bzw. ideelle Herausforderungen angepasst werden.

Das faszinierende Phänomen der jüdischen Schriftenherstellung, liturgische und nicht-liturgische Texte auf horizontale Rollen zu schreiben, wurde von der früheren Forschung vor allem mit Blick auf archäologische Funde der Antike behandelt. Insbesondere die Schriftrollen vom Toten Meer aus Qumran standen im Fokus unterschiedlicher Studien, die Textvarianten erhaltener biblischer Schriften, die materiale Beschaffenheit der Schreibhäute, der Tinten und bestimmte Merkmale des Layouts der Schriftrollen thematisierten. Erst in der letzten Dekade warfen Forscher wie Judith Olszowy-Schlanger, Mauro Perani, Jordan Penkower, Josef M. Oesch and Franz D. Hubmann neues Licht auf mittelalterliche Torarollen, die vollständig oder häufiger noch als Fragment in privatem Besitz, unterschiedlichen Bibliotheken oder Genizot erhalten sind.[1]

---

1 Vgl. u.a. FRANZ HUBMANN, JOSEF M. OESCH: Betrachtungen zu den Torarollen der Erfurter Handschriften-Sammlung. Untersuchungen zu Gliederung und Sonderzeichen, in: Die jüdische Gemeinde von Erfurt und die SchUM-Gemeinden. Kulturelles Erbe und Vernetzung, hrsg. von Landeshauptstadt Erfurt, Stadtverwaltung (Erfurter Schriften zur jüdischen Geschichte 1), Erfurt 2012, S. 96–116; JORDAN S. PENKOWER: The Ashkenazi Pentateuch Tradition as Reflected in the Erfurt Hebrew Bible Codices and Torah Scrolls, in: Zu Bild und Text im jüdisch-christlichen Kontext, hrsg. von Landeshauptstadt Erfurt, Stadtverwaltung and

1. Einleitung

Die jüdische Tradition sieht für die wichtigen Ritualgegenstände keine Aufbewahrung in einer Bibliothek o. ä. vor. Ist eine Torarolle beschädigt, abgegriffen oder genügt sie aus anderen Gründen nicht den hohen materialen und ideellen Ansprüchen an einen rituell reinen *Sefer Torah*, wird sie zunächst in einer Geniza[2] verborgen und zu einem späteren Zeitpunkt in einer Ecke auf dem Friedhof bestattet, wo das organische Material dann schnell verrottet. Um den bereits geschriebenen Gottesnamen zu schützen, muss auch eine unvollständige, fehlerhafte oder rituell unreine Torarolle dementsprechend »verborgen« werden. Dieser skrupulöse Umgang mit den hochheiligen Artefakten ist letztlich auch der Grund dafür, dass die meisten älteren Torarollenzeugnisse aus dem europäischen Raum in christlichen Bibliotheken überdauerten. Prominente Beispiele dafür sind etwa die vier mittelalterlichen Torarollen der Erfurter Handschriftensammlung, die durch unterschiedliche Bibliotheken gewandert und heute in der Staatsbibliothek zu Berlin – Preußischer Kulturbesitz aufbewahrt sind oder die Torarolle der Universitätsbibliothek in Bologna, deren frühe Datierung ins 12. Jahrhundert durch eine Materialuntersuchung erst 2013 für eine Überraschung sorgte. In den Katalogen der Universität Bologna wurde sie die längste Zeit als ein Schriftzeugnis aus dem 17. Jahrhundert behandelt. Im Besitz der Marienbibliothek Halle – als letztes Beispiel – befindet sich eine gänzlich unerforschte Torarolle aus dem 14. Jahrhundert.[3] Die Wolfenbütteler Torarollen gehören dementsprechend zu einer kleinen Anzahl sehr wertvoller Schriftzeugnisse, die Auskunft darüber geben können, wie diese Artefakte im Mittelalter und der Frühen Neuzeit hergestellt wurden.

Universität Erfurt (Erfurter Schriften zur jüdischen Geschichte 3), Erfurt 2014, S. 118–141; DERS.: The 12th-13th Century Torah Scroll in Bologna: How It Differs from Contemporary Scrolls, in: MAURO PERANI (Hrsg.): The Ancient Sefer Torah of Bologna, Leiden–Boston 2019, S. 135–166; MAURO PERANI: Textual and Para-textual Devices of the Ancient Proto-Sefardic Bologna Torah Scroll, in: DERS. (Hrsg.): The Ancient Sefer Torah of Bologna, Leiden–Boston 2019; JUDITH OLSZOWY-SCHLANGER: The Making of the Bologna Scroll: Palaeography and Scribal Traditions, in: MAURO PERANI (Hrsg.): The Ancient Sefer Torah of Bologna, Leiden–Boston 2019, S. 107–134.

2   Eine Geniza (pl. Genizot) ist ein Hohlraum innerhalb der Synagoge, in dem unbrauchbar gewordene Schriften aufbewahrt werden. Das betraf in erster Linie ausgediente Torarollen, die nicht einfach weggeworfen werden durften. Im Laufe der Zeit und je nach Kulturraum können solche Genizot aber auch eine große Vielfalt an Schriftsorten beherbergen, die wertvolle Zeugen des Gemeindelebens darstellen.

3   Zur Geschichte und Beschreibung der Erfurter Manuskripte siehe https://www.geschkult.fu-berlin.de/e/erfurter_sammlung/index.html, letzter Zugriff: 01.12.2020. Die wechselvolle Rezeptionsgeschichte der ältesten vollständig erhaltenen Torarolle ist erst im letzten Jahr in der Studie *The Ancient Sefer Torah of Bologna* (MAURO PERANI [Hrsg.]: The Ancient Sefer Torah of Bologna, Leiden–Boston 2019) aus verschiedenen Perspektiven eingehend beschrieben worden. Zur Hallenser Torarolle siehe ANNETT MARTINI: Die mittelalterliche Torarolle der Marienbibliothek in Halle (in Vorbereitung).

1.1 Die »Arbeit des Himmels« – Eine ideale Torarolle aus rabbinischer Perspektive

Im Babylonischen Talmud[4] findet sich eine kleine und dennoch bemerkenswerte Anekdote. Ein Toraschreiber namens Rabbi Jehuda erinnert sich dort an folgende Begegnung:

> Als ich zu Rabbi Jischmael kam, fragte er mich: »Mein Sohn, was ist deine Beschäftigung?« Ich erwiderte ihm: »Ich bin Toraschreiber.« Da sprach er zu mir: »Mein Sohn, sei vorsichtig bei deiner Arbeit, denn sie ist Arbeit des Himmels; wenn du nur einen Buchstaben auslässt oder einen Buchstaben zu viel schreibst, zerstörst du die ganze Welt.«[5]

Die Warnung des Rabbi Jischmael aus dem ersten nachchristlichen Jahrhundert könnte mit unverändertem Wortlaut aus dem Munde eines Rabbiners unserer Zeit stammen. In den seither vergangenen zweitausend Jahren Geschichte hat sich nichts am jüdischen Selbstverständnis als Bewahrer des ursprünglichen Gotteswortes der Heiligen Schrift geändert. Kein Buchstabe darf ausgelassen oder hinzugefügt werden; hätte doch der geringste Fehler eine Zerstörung der ganzen Welt – zumindest jedoch der jüdischen Welt – zur Folge. Betrachtet man die materialen Eigenschaften von Torarollen und den kleinen beschriebenen Pergamentstücken in den Tefillin und Mezuzot, fällt das ernste Bemühen der Schreiber auf, jegliche Veränderung zu vermeiden. Die Beschaffenheit des Pergaments, die Farbe der Tinte, das Schriftbild und die festgelegten Formen der Buchstaben, der Buchstabenkrönchen und Sonderzeichen haben von kleinen Varianten abgesehen zumindest seit der Spätantike kaum Veränderungen erfahren.[6] Anders als bei der Weitergabe

---

4 Der Babylonische Talmud ist das wichtigste religionsgesetzliche Regelwerk des Judentums. Das Werk wurde bis ins 7./8. Jahrhundert hinein über Generationen hinweg im geistigen Umfeld der Schulen Babyloniens redigiert. Der ältere Palästinensische oder Jerusalemer Talmud ist im 5. Jahrhundert in den Schulen Palästinas zu einem Abschluss gekommen. Beide Regelwerke kommentieren aus ihrem geistigen Umfeld heraus die Mischna, die Ende des 2./Anfang des 3. Jahrhunderts den grundlegenden Lehr- und Lernstoff der Rabbinen entwickelte.

5 Babylonischer Talmud (im Folgenden: bT) Erubin 13a. Die rabbinischen Quellen sind weitestgehend nach der Database »Responsa-Projekt« der Bar-Ilan University zitiert bzw. von der Autorin auf Grundlage der dort Open Access verfügbaren digitalisierten Edition der hebräischen oder aramäischen Quelle ins Deutsche übersetzt. In allen anderen Fällen ist die Ausgabe in der entsprechenden Anmerkung angegeben. Die Übersetzungen von Textpassagen aus dem Babylonischen Talmud sind an die deutsche Talmudausgabe von Lazarus Goldschmidt angelehnt. LAZARUS GOLDSCHMIDT: Der Babylonische Talmud, Leipzig 1897–1909.

6 LUDWIG BLAU: Studien zum althebräischen Buchwesen und zur biblischen Litteratur- und Textgeschichte, Straßburg 1902 (Nachdr. 2012), S. 9–37; JOHN B. POOLE, RONALD REED: The Preparation of Leather and Parchment by the Dead Sea Scrolls Community, in: Technology and Culture 3 (1962), S. 1–26; MICHAEL L. RYDER: Remains Derived from Skin, in: DON R. BROTHWELL, ERIC S. HIGGS (Hrsg.): Science and Archaeology, London 1970, S. 539–554; MENACHEM HARAN: Scribal Workmanship in Biblical Times: The Scrolls and the Writing Implements (heb.), in: Tarbiz 50 (1981), S. 65–87; DERS.: Book-Scrolls in Israel in Pre-Exilic

der Hebräischen Bibel haben die Schreiber bis heute den buchkünstlerischen Versuchungen der Umweltkulturen – etwa prachtvollen Illuminierungen oder kunstvoller Kalligraphie – erfolgreich widerstehen können. Die verschlossene Welt der professionellen Toraschreiber konnte auch von medialen Veränderungen wie dem revolutionären Buchdruck oder von technischen Neuerungen, die etwa die Materialherstellung und die Schreibgeräte betreffen, nicht erschüttert werden.

Tatsächlich ist die Herstellung einer Torarolle und zu einem gewissen Grad auch das Schreiben einer *Megillah* seit der Antike in ein dichtes Geflecht halachischer, d.h. religionsgesetzlicher Regulierungen eingebunden, während selbst das Kopieren eines Bibelkodex oder eines Gebetbuches im Vergleich zu den Rollen kaum die Aufmerksamkeit der religionsgesetzlichen Autoritäten auf sich zog. Diese Regeln sind im Laufe der Zeit immer wieder kommentiert, modifiziert und dem historischen, sozialen und kulturellen Kontext der Zeit angepasst worden. Dennoch kann in der reichen Kommentarliteratur ein wesenhafter Kern von Vorstellungen zum Schreiben der Schriftrollen ausgemacht werden, der von historischen oder kulturellen Entwicklungen beinahe unberührt blieb und sich in zweitausend Jahren Zerstreuung der Juden in die unterschiedlichsten Gebiete der Welt nicht wesentlich veränderte.[7]

Rituell reine Schreibhäute
Die Reinheit des Schreibmaterials ist von außerordentlich großer Bedeutung, da sie die Voraussetzung für die Verwendung der Handschriften im Ritus ist. Das Leder bzw. Pergament, auf dem geschrieben wird, muss von den Häuten rituell reiner Tiere stammen. Damit sind Tiere gemeint, die nach jüdischen Speisevorschriften zum Verzehr geeignet sind, wie beispielsweise Rind, Wild oder Schafe, aber im Unterschied zu diesen nicht rituell geschlachtet sein müssen. Trotz des Siegeszuges des Papiers werden Torarollen bis heute ausschließlich auf beschreibbaren Tierhäuten geschrieben.

Times, in: Journal of Jewish Studies 33 (1982), S. 161–173; ALLAN D. CROWN: Studies in Samaritan Scribal Practices and Manuscript History: III. Columnar Writing and the Samaritan Massorah, in: Bulletin of the John Rylands University Library 67 (1984), S. 349–381; EMANUEL TOV: Der Text der Hebräischen Bibel. Handbuch der Textkritik, Stuttgart [u.a.] 1997, S. 92–128 und 189–241; DERS.: Scribal Practices and Approaches Reflected in the Texts Found in the Judean Desert, Leiden [u.a.] 2004, S. 31–55; YEHUDAH B. COHN: Tangled up in Text. Tefillin and the Ancient World (Brown Judaic Studies 351), Providence 2008.

7 Die folgende Zusammenfassung der Schreibregeln für Torarollen ist in: ANNETT MARTINI: ›Arbeit des Himmels‹: Jüdische Konzeptionen des rituellen Schreibens in der europäischen Kultur des Mittelalters. Eine Studie zur Herstellung der STaM in Frankreich und Deutschland unter Berücksichtigung der christlichen Schreibkultur (Studia Judaica 115), Berlin u.a. 2021 (Druck in Vorbereitung) ausführlich und unter Berücksichtigung der Umweltkulturen dargestellt. Die Autorin diskutiert dort auch die vielfältigen materialen Entwicklungen und Modifikationen der jüdischen Schriftrollenkultur im mittelalterlichen Aschkenas, die an dieser Stelle nicht besprochen werden können.

Auch Papyrus schlossen die Rabbinen ausdrücklich aus dem Bereich der heiligen Schriften aus.[8] Das mochte zum einen an der im Vergleich zu Pergament geringeren Haltbarkeit eines Papyrus gelegen haben, zum anderen beabsichtigten die Rabbinen sicherlich auch eine Abgrenzung gegen den kulturellen Ursprung dieses Schreibmaterials und dem damit verbundenen Einfluss der hellenistisch geprägten Welt.

Auch die Bearbeitungsweise der Häute ist im Talmud beschrieben und von späteren Autoritäten des jüdischen Religionsgesetzes als maßgebend betrachtet worden. Aus den eher randläufigen Bemerkungen können drei Arbeitsgänge herausgefiltert werden:

- Das Salzen der von der oberen Haar- und der unteren Fettschicht befreiten Haut, um den organischen Verfall zu stoppen und das Material zu konservieren.
- Das Bemehlen derselben, um überflüssige Feuchtigkeit zu entziehen.
- Das Gerben der Haut, um das Material zu festigen; der Talmud empfiehlt dafür Gallapfellösung.

Für den sakralen Bereich ausdrücklich nicht geeignete Häute sind *maṣṣah*, *ḥippa* und *diphtera*, die gar nicht oder wenig aufwendig bearbeitet wurden. *Maṣṣah* bezeichnet eine unbehandelte Rohhaut, die weder mit Salz noch mit Mehl noch mit Galläpfeln behandelt ist; *ḥippa* ist zwar mit Salz, nicht aber mit Mehl und Galläpfeln behandelt; während *diphtera* mit Salz und Mehl, aber nicht mit Galläpfeln behandelt ist.[9] Stattdessen verwiesen die Rabbinen auf den altbekannten Schreibstoff Leder, wobei sie zwischen *gevil*, *qelaf* und *duchsustos* unterschieden. Unter *gevil* ist eine Lederhaut zu verstehen, die alle drei Arbeitsstufen des antiken Herstellungsprozesses von beschreibbaren Häuten – Salzen, Bemehlen und Gerben – durchlaufen hat, dann jedoch nicht weiterbearbeitet wurde. Diese Haut muss relativ dick und dementsprechend unbeweglich gewesen sein; zumindest dicker als *qelaf* und *duchsustos*, die durch eine weitere Bearbeitung der gegerbten Haut als um einiges feiner beschrieben wurden. Die rabbinische Literatur bringt *gevil* so selbstverständlich mit der Torarolle in Verbindung, dass Ludwig Blau und die spätere Forschung darin übereinstimmen, dass dieser Beschreibstoff in der Antike der allgemein übliche für die Herstellung der biblischen Schriftrollen war.[10]

---

8   Vgl. bT Megillah 2,2; Jerusalemer Talmud (im Folgenden: jT); Megillah 1,71 d.
9   bT Šabbat 79 a; Giṭin 22 a; Megillah 19 a.
10 BLAU: Studien zum althebräischen Buchwesen (s. Anm. 6), S. 25; MENACHEM HARAN: Bible Scrolls in Eastern and Western Communities, in: Hebrew Union College Annual 56 (1985), S. 40, Anm. 35.

In den beiden für Schreiberbelange wichtigen kleinen Talmudtraktaten, dem *Massechet Sefer Torah* und dem *Massechet Soferim*,[11] ist wenig über die Herstellungspraxis der Schreibhäute zu erfahren, allerdings werden hier die Bedingungen für die Reinheit einer Schreibhaut für die Schriftrollen näher beschreiben:

> Es ist nicht erlaubt, heilige Schriften, Tefillin und Mezuzot auf die Haut rituell unreiner domestizierter Tiere oder auf die Haut rituell unreiner wilder Tiere zu schreiben. Sie sollten nicht mit den Sehnen [unreiner Tiere] vernäht noch mit deren Haar umwickelt werden. Es ist eine mündliche Verordnung von Moses am Sinai überliefert, dass [diese Schriften] auf die Haut eines rituell reinen domestizierten oder wilden Tieres geschrieben und mit deren Sehnen vernäht und [die Tefillin] mit deren Haaren umwickelt sein sollten.[12]

Es gibt auch Häute, die zwar von reinen Tieren stammen, jedoch aus pragmatisch nachvollziehbaren Gründen nicht für das Schreiben der STaM (= Akronym für **S**efer Torah, **T**efillin und **M**ezuzot) geeignet sind, wie etwa Fischhaut, die ausdrücklich »wegen ihres Gestanks« aus dem rituellen Bereich verbannt ist.

In Europa setzte sich bereits in der Antike Pergament, das erst ab dem 13. Jahrhundert langsam vom Papier verdrängt wurde, als Schreibstoff durch. Der wesentliche Unterschied zum Leder ist der Verzicht auf Tannine, deren festigende Wirkung durch eine Behandlung der Häute mit einer Kalklösung und langsames Trocknen an der Luft ersetzt wird. Diese Verfahrensweise entspricht keineswegs der rabbinischen Vorstellung und dennoch: Europäische Juden übernehmen das Pergament für die heiligen Schriftrollen – auch weil sie ab dem 12. Jahrhundert zunehmend aus dem Gerberhandwerk verdrängt und daher weitestgehend von christlichen Pergamentern abhängig waren. Religionsgesetzliche Größen aus Frankreich wie Jakob ben Meir Tam (Rabbenu Tam) oder dessen Schüler Rabbi Eliezer ben Samuel aus Metz, deren Autorität weit über die Landesgrenzen hinaus nach Deutschland reichte, waren sich darüber einig, dass »Kalk, mit dem wir unsere *qelafim* behandeln, genauso akzeptabel ist wie Gerbstoff.«[13]

Diese offene Position wurde im Wesentlichen in Frankreich und Deutschland ohne weiterreichende Diskussionen übernommen. Doch ist der Auffassung des israelischen Bibelforschers Menachem Haran nicht zuzustimmen, der aus diesem Grund von einer »easy adoption«[14] ohne Bedenken sprach.

---

11 Die sogenannten »Kleinen Talmudtraktate« sind nicht wie der Titel etwa annehmen ließe Teil eines der beiden Talmudim, sondern in nachtalmudischer Zeit etwa im 8. Jahrhundert redigiert worden, wobei einzelne Abschnitte sicherlich älter sind.
12 Massechet Soferim 1,1.
13 JAKOB BEN MEIR TAM zu bT Megillah 19a.
14 HARAN: Bible Scrolls in Eastern and Western Communities (s. Anm. 10), S. 60.

Vielmehr schuf diese Abhängigkeit von christlichen Pergamentern eine Atmosphäre des Misstrauens, die sich auch in der Schreiberliteratur niederschlug, denn für einen *sofer STaM* – einen professionellen Toraschreiber – ist der Pergamentkauf nicht nur eine Frage der feinen Qualität, sondern der rituellen Reinheit. Aus dem Herstellungsprozess eines wesentlichen Elements der Schriftrollen ausgeschlossen zu sein, bedeutet einen Verlust an Kontrolle in einem Bereich von existentieller Bedeutung. So kann etwa die Pflicht, bei bestimmten Gebeten Tefillin zu tragen, nicht erfüllt werden, wenn die Schriftrollen in den beiden Schriftkapseln – den *batim* – nicht koscher sind, auch wenn ihr Träger nichts von dem Makel weiß. Dasselbe gilt umso mehr für das Lesen der Torarolle im synagogalen Ritus. Die vielfältige Schreiberliteratur gibt genug Anlass für die Behauptung, dass dieser Kontrollverlust durch eine rituelle Weihe, bei der ein profanes Pergament in *gevil*, *qelaf* oder *duchsustos* verwandelt wurde, kompensiert wurde. Das bedeutete konkret, dass eine Haut noch während des Gerbprozesses von einem Juden für die rituelle Nutzung als Torarolle, Tefillin oder Mezuza durch eine entsprechende Formel rituell geweiht werden musste.[15]

Koschere Tinten
Was die Schreibflüssigkeit betrifft, bestehen alle religionsgesetzlichen Regelwerke für das Schreiben von Torarollen und *Megillot* auf *dejo*. Doch was genau ist unter *dejo* zu verstehen?

Offensichtlich kam es bei der zum Kopieren der biblischen Texte zu verwendenden Tinten zu einer Definition, die sie von anderen Schreibflüssigkeiten abgrenzte. Doch im Gegensatz zu den Schreibhäuten ist es bei der Tinte kaum möglich, ein klares Konzept aus den Quellen herauszuarbeiten. Es soll ausschließlich *dejo* verwendet werden, und diese Schreibflüssigkeit ist schwarz – so der Konsens. Die großen rabbinischen Regelwerke schwanken zwischen den verschiedenen Optionen einer wasserlöslichen Rußtinte und einer haltbaren Vitrioltinte, tendieren im Zweifelsfall aber doch zu einer relativ offenen Position. Die widersprüchlichen rabbinischen Vorgaben der Antike bezüglich der für den rituellen Gebrauch zu verwendenden Tinten erzeugten großen Raum für Interpretationen, den die späteren religionsgesetzlichen Autoritäten nicht ungenutzt ließen. Der einflussreiche Rechtsgelehrte Moses Maimonides (12. Jhd.)[16] schlägt eine offene Vorgehensweise

---

15 Vgl. ANNETT MARTINI: Ritual Consecration in the Context of Writing the Holy Scrolls. Jews in Medieval Europe between Demarcation and Acculturation, in: European Journal of Jewish Studies 11/2 (2017), S. 174–202.
16 Moses Maimonides (1135–1204) war einer der einflussreichsten jüdischen Denker im islamischen Kulturkreis. Von der christlichen Scholastik einseitig als Philosoph wahrgenommen, wurde er in jüdischen Kreisen vor allem wegen seiner bahnbrechenden religionsgesetzlichen Abhandlungen geachtet. Obwohl Maimonides aufgrund seines rationalen

vor und spiegelt damit sicherlich die Praxis im arabisch-islamischen Kulturraum sehr gut wider:

> Wie ist *dejo* herzustellen? Man sammle den Ruß von verbranntem Öl, Teer, Wachs oder Ähnlichem und knete ihn mit dem Harz eines Baumes und etwas Honig. Er wird dann gut eingeweicht und so lange geknetet bis man daraus Plätzchen formen kann. Man trockne sie und bewahre sie auf. Wenn man schreiben will, weiche man sie in Gallapfellösung oder Ähnlichem ein und schreibe. Falls [die Tinte] gelöscht werden soll, wird sie gelöscht werden können. *Dejo* ist die beste Wahl, um damit Torarollen, Tefillin und Mezuzot zu schreiben. Wenn eine der drei mit Gallapfellösung oder Vitriol geschrieben wurde, so dass sie permanent und nicht auszulöschen ist, ist es geeignet.
>
> Was schließt die Tora des Moses vom Sinai [...] aus? Sie schließt andere Farben wie beispielsweise rot und grün oder Ähnliches aus, denn wenn in den Torarollen, Tefillin oder Mezuzot auch nur ein Buchstabe farbig oder mit Gold geschrieben wurde, siehe, sie sind nicht geeignet.[17]

Maimonides besteht demzufolge nur auf Schwarz als Farbe der Tinte und akzeptiert sowohl Ruß- als auch Eisengallustinten für das Schreiben der STaM, wobei eine Rußtinte zu bevorzugen sei. Auch die Verwendung von Gallapfellösung erscheint ihm nicht problematisch. Im christlich dominierten Europa des Mittelalters stehen sich verschiedene Positionen gegenüber.[18] Die halachischen Größen in Frankreich lehnen zum Schreiben der heiligen Schriftrollen – im Gegensatz zu den deutschen Autoritäten – die in Europa sehr beliebte Eisengallustinte kategorisch ab. Obwohl diese Tinte bestimmten Reinheitsgeboten entsprechen sollte, musste sie bei ihrer Herstellung nicht wie die Schreibhäute rituell ihrem heiligen Zweck geweiht werden. Anders als bei den Schreibhäuten waren die Schreiber bei der Tintenherstellung nicht unbedingt auf nichtjüdische Händler angewiesen. Jeder Schreiber konnte leicht seine eigene Tinte herstellen und so der Forderung nach Reinheit des Materials Rechnung tragen.

In der mittelalterlichen Schreiberliteratur finden sich dennoch zahlreiche Klagen darüber, dass einige Schreiber ihre Tinten nicht selbst herstellten, sondern von ihren nichtjüdischen Nachbarn kauften. Über diese nicht gern gesehene Angewohnheit jüdischer Schreiber wundert sich Ende des 12. Jahrhunderts beispielsweise der aus der Provence stammende Talmudgelehrte Abraham ben Nathan ha-Jarhi. Er erinnert mit explizitem Verweis

---

Ansatzes vor allem aus dem aschkenasischen Raum viel Kritik entgegenschlug, richteten sich die rabbinischen Schulen des Mittelalters auch im christlichen Europa zunehmend nach dem halachischen Meister Ägyptens aus.

17 MOSES MAIMONIDES: Mišneh Torah, Sefer Ahavah, Abschnitt: Tefillin, Mezuzah, Sefer Torah 1,4 und 5.

18 Eine (unvollständige) historische Untersuchung zur Tintenherstellung im mittelalterlichen Europa bietet auch CHAIM E. TWERSKI: The Use of Modern Inks for Sifrei Torah, in: Journal of Halacha and Contemporary Society 15 (1988), S. 68–76.

auf die entsprechende talmudische Diskussion im Traktat »Götzendienst« daran, dass diese Tinten Wein oder Essig aus nichtjüdischer Produktion enthalten können – also Lebensmittel, deren Erwerb aus nichtjüdischer Provenienz und folgender Verzehr durch Juden in den meisten Fällen untersagt ist. Wein spielt in der christlichen Kultur eine zentrale Rolle im »Götzendienst«. Aus diesem Grund muss sichergestellt werden, dass er nicht aus einer Charge bzw. einem Fass stammt, dem bereits eine bestimmte Menge für die Verwendung im Ritus entnommen wurde – was nicht ganz einfach nachzuvollziehen ist. Tinte für das Schreiben der heiligen Schriftrollen, so betont Abraham ben Nathan und viele halachische Gelehrte nach ihm, ist von diesem »einfachen Wein der Nichtgläubigen« unbedingt zu trennen.[19]

Wie unterschiedlich die Tintenrezepturen auch sein mögen, *dejo* ist im Schreiberkontext ein Synonym für Reinheit und Heiligkeit. Ausschließlich für das Kopieren der heiligen Schriftrollen bestimmt, wird diese Tinte immer wieder als Träger der göttlichen Weisheit inszeniert. Sogar Gott selbst hat eine außergewöhnliche Verwendung für *dejo*, wie ein Narrativ aus dem Kreis der jüdischen Frömmigkeitsbewegung, den Ḥasidei Aškenaz (13. Jahrhundert)[20] nahelegt:

> Ein *zaddiq* [Gerechter] nahm ein Bad in einer mit Wasser gefüllten Wanne, während seine Frau bei ihm saß. Und siehe es war ein Glanz am Kopf des *zaddiq* und [reflektierend] im Wasser. Da fragte ihn seine Frau: »Was ist das für ein Glanz?« Er antwortete: »Wenn der Heilige, gesegnet sei Er, schreibt, streift er die überflüssige Tinte an den Häuptern der *zaddikim* ab, deren Zeit gekommen ist, zu sterben.« In derselben Woche noch starb der *zaddiq*.[21]

Die Farb- und Schmucklosigkeit beim Schreiben der Schriftrollen repräsentiert aus rabbinischer Perspektive in seiner Schlichtheit am besten die ursprüngliche Offenbarung Gottes in der Schrift. Das Festhalten am Einfachen kann aber auch als eine bewusste Distanzierung von der Praxis der Umweltkulturen, ihre heiligen Schriften ganz besonders aufwendig zu gestalten, interpretiert werden. Die farbenprächtig ausgestatteten Korane und wertvoll illuminierten Evangeliare stehen in einem seltsamen Kontrast zur Torarolle, deren schwarz-weißes Erscheinungsbild Authentizität und Ursprünglichkeit ausstrahlt. Die Autoren des Jerusalemer Talmud veranlasste

---

19 ABRAHAM BEN NATHAN AUS LUNEL: Tešuvot šeʾalot le-ha Rabbi Abraham ben Nathan ha-Jarhi, in: SIMON A. WERTHEIMER (Hrsg.): Ginze Jerušalajjim, Jerusalem 1896, Bd. 1, S. 107.
20 Die Ḥasidei Aškenaz – die »Frommen Deutschlands« – verliehen ab dem späten zwölften Jahrhundert für etwa einhundert Jahre der jüdischen Geistesgeschichte eine ganz eigene Prägung. Die Forschung betrachtet diese Gruppierung meist als einen elitären Zirkel, der Positionen (Askese, Armut, Gerechtigkeit) vertrat, die für die meisten Mitglieder der jüdischen Gemeinschaft zu extrem waren.
21 Sefer Ḥasidim § 1059. Alle Zitate aus dem Sefer Ḥasidim basieren auf der kritischen digitalen Edition der »Princeton University Sefer Hasidim Database (PUSHD)« und wurden von der Autorin auf dieser Textgrundlage aus dem Hebräischen ins Deutsche übersetzt.

dieses Bild, von dem Gesetz zu sprechen, »das Gott Moses gab, geschrieben mit schwarzem auf weißem Feuer«[22]. Die Schwärze der Tinte symbolisiert das Feuer, mit dem Gott seinen Schöpfungsplan auf einen weißen Untergrund gleichsam einbrannte.

Das Layout
Die Zusammensetzung der Buchstaben zu Wörtern, die Anordnung der Wörter in den Sätzen, die Festlegung der Absätze und Textlücken und die Darstellung der Kolumnen auf einem Bogen Pergaments – bei dem Schriftbild einer Torarolle ist kaum etwas dem Zufall oder dem künstlerischen Ingenium des Schreibers überlassen. So ist ein »haaresbreiter« Abstand zwischen den Buchstaben, eine Buchstabenbreite zwischen den Wörtern, »eine Zeilenhöhe« zwischen den Zeilen und »zwei Daumenbreiten« zwischen den Kolumnen, »eine Handbreit unterhalb und drei Fingerbreit oberhalb« des Textes und »vier Zeilenhöhen« zwischen den einzelnen Büchern der Tora vorgeschrieben. Das Schriftbild folgt einem in sich geschlossenen System, dessen Beschreibung repetitive, gleichsam poetische Züge annimmt, wenn die Maße durch die Breite eines Haars, eines Fingers oder die Dicke der Schreibfeder bestimmt sind.

Eine Kolumne sollte immer als rechteckiger Block mit möglichst geraden Rändern erscheinen. Der Schreiber erfährt neben Empfehlungen für die ideale Anzahl von Kolumnen je Bogen auch Tricks für die nicht ganz einfache Realisierung eines »Blocksatzes«. Selbstredend hat der eigentlichen Kopierarbeit eine gut durchdachte Linierung vorauszugehen. Empfehlungen für diesen wichtigen Arbeitsschritt finden sich in vielen Schreiberhandbüchern und halachischen Abhandlungen (Abb. 1).[23]

---

22   jT Šeqalim 6,1; Tanḥuma, Gen 1; vgl. auch RAŠI zu Deuteronomium 33,2.
23   Für die historische Entwicklung, die Veränderungen und Varianten des Textbildes vgl. u. a. LUDWIG BLAU: Massoretic Studies III/IV: The Division into Verses, in: Jewish Quarterly Review 9 (1897), S. 122–144 und 471–490; JOACHIM CONRAD: Die Entstehung und Motivierung alttestamentlicher Paraschen im Licht der Qumranfunde, in: SIEGFRIED WAGNER (Hrsg.): Bibel und Qumran. Beiträge zur Erforschung der Beziehung zwischen Bibel- und Qumranwissenschaft (= Festschrift für Hans Bardtke), Berlin 1968, S. 47–56; CHRISTIAN D. GINSBURG: Introduction of the Massoretico-critical Edition of the Bible, London 1897, S. 9–108 und 977–982; YESHAYAHU MAORI: The Tradition of Pisqaʾot in Ancient Hebrew MSS – The Isaiah Texts and Commentaries from Qumran, in: Textus 10 (1982), S. 1–50; MALACHI MARTIN: The Scribal Character of the Dead Sea Scrolls, Louvain 1958, Bd. 1, S. 122; JOSEF M. OESCH: Petucha und Setuma: Untersuchungen zu einer überlieferten Gliederung im hebräischen Text des Alten Testaments, Freiburg [u. a.] 1979; DERS.: The Reading of the Bible in the Ancient Synagogue, in: MARTIN J. MULDER, HARRY SYSLING (Hrsg.): Mikra. Text, Translation, Reading and Interpretation of the Hebrew Bible in Ancient Judaism and Early Christianity, Assen [u. a.] 1988, S. 137–159; TOV: Der Text der Hebräischen Bibel (s. Anm. 6), S. 40–43.

Abb. 1: Stark normiertes Schriftbild einer mittelalterlichen Torarolle, HAB: Cod. Guelf. 148 Noviss. 2°, Bl. 1

Das Schriftbild einer Torarolle ist ihrer Funktion als Lesevorlage im Ritus geschuldet. Die größeren Abschnitte orientieren sich an den Lesezyklen, die dem einjährigen babylonischen Zyklus entsprechend 54 (oder 53) Abschnitte der wöchentlichen Schabbatlesung umfasst.[24] Kleinere (*setuma*) und größere Pausen (*petucha*) (Abb. 2), optisch durch kleine Spatien innerhalb der Zeile bzw. durch offene Zeilenreste oder Leerzeilen gekennzeichnet, leiten

---

24 TOV: Der Text der Hebräischen Bibel (s. Anm. 6), S. 42; GINSBURG: Introduction (s. Anm. 23), S. 32–65.

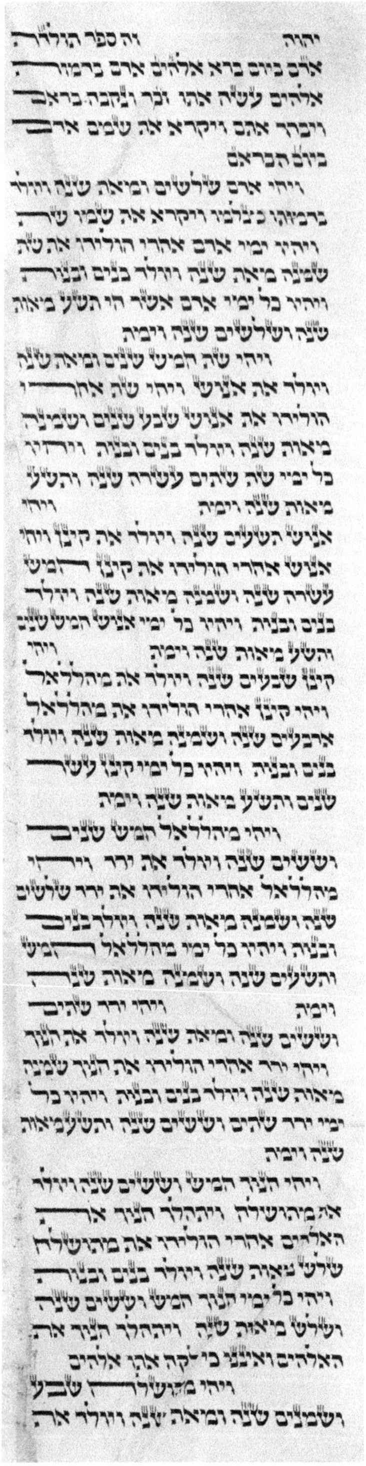

Abb. 2: Kolumne mit offenen
und geschlossenen Pausen, HAB:
Cod. Guelf. 148 Noviss. 2°, Bl. 2

den Redefluss des Qore durch die Liturgie.[25] Diese Lücken im Text, ohne die eine Torarolle für den rituellen Gebrauch nicht genutzt werden darf (und kann), markieren dementsprechend den Rhythmus der heiligen Ordnung des Lesezyklus, aber auch kleinere Sinneinheiten des biblischen Textes. Die Tradierung dieser Pausen fand erst im Mittelalter durch den bereits erwähnten Religionsgelehrten Moses Maimonides zu einer einheitlichen Form, die mit kleineren Abweichungen und nach einigen rechtsgelehrten Diskussionen zum Teil auch in Europa übernommen wurde.[26]

Die Darstellungen des sogenannten »Meerliedes« (Ex 15, 1 – 19) (Abb. 3) und des »Moseliedes« am Ende der Tora (Deut 32, 1 – 43) (Abb. 4) bilden eine Ausnahme im gleichmäßigen Fluss der Kolumnen.[27] Im Meerlied besingt Moses das Wunder von der Rettung des Volkes Israel vor den Truppen des Pharao.

25 JOSEF M. OESCH: Metatextelemente in hebräischen Torarollen, in: ROBERT ROLLINGER (Hrsg.): Von Sumer bis Homer. Festschrift für Manfred Schretter zum 60. Geburtstag am 25. Februar 2004 (Alter Orient und Altes Testament 325), Münster 2005, S. 521 – 533.
26 Jakob ben Ascher (1270 – 1340) und Meir ben Todros Abulafia (1170 – 1244) verfolgten beispielsweise eine andere Tradition. Eine endgültige Festlegung der *petucha* und *setuma* erfolgte im 16. Jahrhundert durch den *Šulḥan Aruch*. MAIMONIDES: Mišneh Torah, Ahava, Hilchot Sefer Torah, VII, 1 – 2.4; HUBMANN, OESCH: Betrachtungen zu den Torarollen (s. Anm. 1), S. 99 f.
27 Vgl. bT Šabbat 103 b; Mischna, Traktat Megillah 16 b; Massechet Soferim I:11 und XII:8.

1.1 Die »Arbeit des Himmels« – Eine ideale Torarolle

Abb. 3: Das Meerlied, HAB: Cod. Guelf. 148 Noviss. 2°, Bl. 32

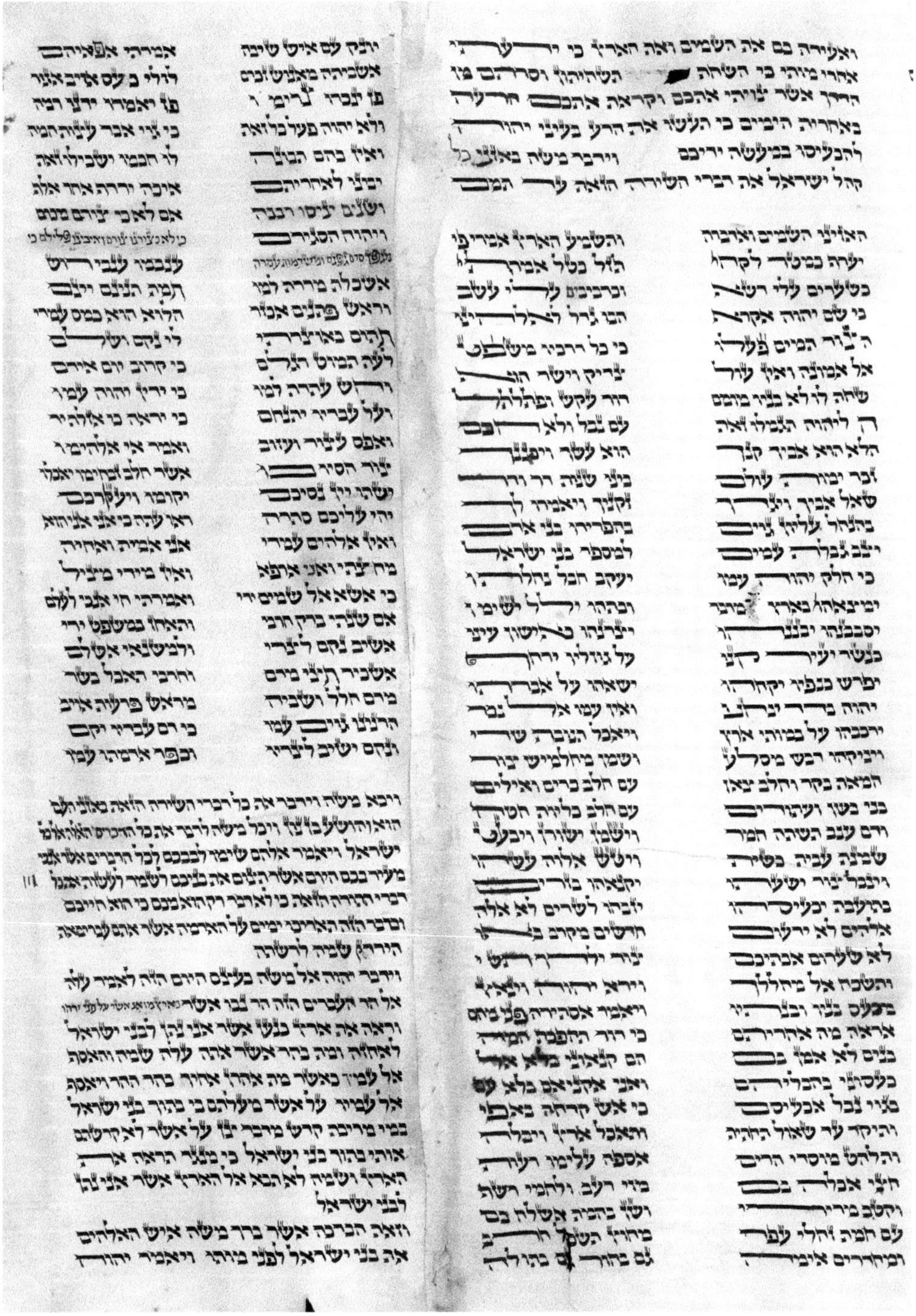

Abb. 4: Das Moseslied, HAB: Cod. Guelf. 148 Noviss. 2°, Bl. 97

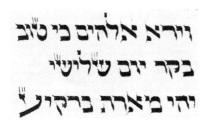

*Abb. 5: Assyrische Quadratschrift,
HAB: Cod. Guelf. 148 Noviss. 2°, Bl. 1*

Die Wasser teilten sich, ließen die Verfolgten trockenen Fußes hindurch, während die Ägypter mit Ross und Wagen in die Tiefe gerissen wurden und ertranken. Diese Szenerie manifestiert sich bis heute in der visuellen Form des berühmten Liedes, indem »Ziegel über Halbziegel«, d. h. ein ganzes Versmaß über einem halben Versmaß, angeordnet ist, sodass ein Bild entsteht, das die Wogen des Roten Meeres vor dem inneren Auge des Betrachters lebendig werden lässt. Die Verse des Mosesliedes werden dagegen in zwei Säulen »Ziegel über Ziegel« bzw. »Halbziegel über Halbziegel« geschrieben.[28] Beide Lieder sind von großer Bedeutung für die Identität des jüdischen Volkes und deshalb ganz bewusst aus dem Text hervorgehoben. Ihre besondere Gestalt ist eine Aufforderung an die Betrachter, genauer hinzusehen und sich den Inhalt der Lieder als etwas Gewichtiges einzuprägen. Sie markieren zentrale Orientierungspunkte im kulturellen Gedächtnis der jüdischen Religionsgemeinschaft.

Die Schrift
Die Mischna legte im 3. Jahrhundert fest, dass für das Schreiben der Schriftrollen ausschließlich die sogenannte »assyrische Quadratschrift« (Abb. 5) geeignet sei.[29] Das Attribut »assyrisch« weist noch auf ihre Ursprünge im babylonischen Exil hin, von wo sie sich allmählich weithin ausbreitete. Den Namen »Quadratschrift« bekam diese Schrift, da jeder Buchstabe ein ganzes bzw. halbes Quadrat ausfüllt und sich die Linienführung der Zeichen mit hauptsächlich waagerechten und senkrechten Strichen meist am Quadrat orientiert. Paläographen sehen sich mit der außergewöhnlichen Tatsache konfrontiert, dass die assyrische Quadratschrift, wie sie in den STaM und Bibelkodizes verwendet wird, bis heute nur geringfügige Veränderungen erfuhr. Die Schreiber der unterschiedlichsten Regionen der

---

28 Vgl. TOV: Der Text der Hebräischen Bibel (s. Anm. 6), S. 173. Hier sind auch weitere Schreibtraditionen ausgesuchter Lieder des biblischen Textes erwähnt, die sich jedoch nicht durchgesetzt haben.
29 Das althebräische Schriftsystem, dass sich ursprünglich aus dem phönizischen Alphabet ableitete, wurde etwa im fünften vorchristlichen Jahrhundert vom aramäischen Alphabet verdrängt. Das heißt, die hebräischen Texte werden seit dieser Zeit mit aramäischen Buchstaben notiert. Vgl. Mischna, Traktat Jad IV, 5.

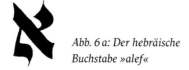 Abb. 6 a: Der hebräische Buchstabe »alef«

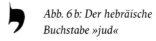 Abb. 6 b: Der hebräische Buchstabe »jud«

Diaspora gaben weder den Verlockungen der arabischen Kalligraphie noch der lateinischen Schreibkunst nach, was die Datierung und die Feststellung des Herstellungsortes der wenigen erhaltenen Torarollen aus dem Mittelalter und der Frühen Neuzeit häufig erschwert.

Das erstaunlich hohe Maß an Standardisierung der Buchstabenformen kann sehr gut an den Vorgaben Rabbi Jom Tov Lipmanns abgelesen werden, die der Gelehrte Anfang des 15. Jahrhunderts in seinem Schreiberhandbuch *Sefer ʾalef beit* auf Grundlage seiner antiken und mittelalterlichen Vorgänger zusammenfasste. Für das ʾalef, den ersten Buchstaben des hebräischen Alphabets (Abb. 6 a – b), stellte er beispielsweise fest:

> Das ʾalef sollte einen oberen Punkt wie ein *jud* besitzen mit einem kleinen Dorn darauf. Und sein Gesicht sollte mit dem Dorn etwas nach oben gedreht sein. Und das Bein des *jud* sollte mit dem Dach des Körpers verbunden sein, [und zwar] in der Mitte des Körpers. Und das obere Ende des Dachs ist von seiner Rückseite etwas nach oben gekrümmt. Der untere Punkt ist weiter vom Ende des Körpers entfernt, etwa wie das Maß ein und einer halben Qulmusbreite. An dem unteren Punkt sollte ein kleiner nach unten [geneigter] Dorn sein auf der rechten Seite. Der linke Dorn des oberen Punktes sollte nach dem rechten Dorn des unteren Punktes ausgerichtet sein. [...]
>
> Das ʾalef sollte quadratisch sein, allein der linke Fuß ragt um eine halbe Qulmuslänge nach unten heraus, wegen der Länge des Nackens, der auf dem unteren Punkt ist; doch in der ausgedehnten Schreibweise muss gar nichts [aus dem Quadrat] hervorragen.[30]

Besteht auch nur der leiseste Zweifel, ob ein Buchstabe die rechte Proportion hat oder durch einen Riss im Pergament o. ä. in seiner Form bedroht ist, wird dem Schreiber eine recht unkonventionelle aber zuverlässige Kontrollinstanz empfohlen. Er möge den betreffenden Buchstaben einem Kind, das nicht besonders klug aber auch nicht zurückgeblieben sein sollte, vorlegen. Liest das Kind ihn richtig, besteht kein Handlungsbedarf. Hat das Kind Schwierigkeiten beim Lesen oder liest gar einen anderen Buchstaben als dort vorgesehen, ist die ganze Rolle untauglich und muss ausgebessert werden.

Die Körper der Buchstaben dienen aber auch als Erinnerungszeichen für die grundlegenden Elemente des jüdischen Glaubens, die beim Schreiben

---

30 JOM TOV LIPMANN: Sefer ʾalef beit, in: MENACHEM M. MESCHI-SAHAV (Hrsg.): Qoveṣ Sifrei STaM, Jerusalem 1970, S. 195 – 285, hier S. 199.

Abb. 7: Der hebräische Buchstabe »gimmel«

Abb. 8: Der hebräische Buchstabe »samech«

Abb. 9: Der hebräische Buchstabe »tav«

oder Lesen ins Gedächtnis gerufen werden können. Die rabbinische Tradition offenbart bereits ein tief verwurzeltes Geflecht von sinnbildlichen Konnotationen, das von den jüdischen Mystikern gerne aufgegriffen wurde. Es war vor allem der entsprechende Abschnitt des spätantiken Traktats *Alphabet des Rabbi Aqiva*, der mit seiner stark am Bild orientierten Sprache viel Beachtung innerhalb der jüdischen Schreiberliteratur des mittelalterlichen Europas fand und bis in die Neuzeit hinein kreativ rezipiert immer neue Blüten entwickelte. Das *'alef*, beispielsweise, erinnert die Autoren an einen aufrechtstehenden Menschen, der mit erhobener Hand die Wahrheit Gottes bezeugt. Das *gimmel* (Abb. 7) »gleicht einem Mann, der einen Armen an der Tür sieht und in sein Haus hinein geht, um aus ihm Speise für den Armen herauszuholen«[31]. Die geschlossene Form des *sameḥ* (Abb. 8) bezeugt das Auserwähltsein des Volkes Israel, da die *šechinah* sich rings um die Israeliten gelegt habe, damit Gott sie »nicht vertauscht mit einem anderen Volke«[32]. Der Fuß des *taw* (Abb. 9) ist eingeknickt, da der Toraschüler »seine Füße krümmen muss, um sich mit der Tora zu beschäftigen«[33] – um nur einige wenige Beispiele zu nennen.

Im Gegensatz zur hebräischen Bibel enthält eine Torarolle bis heute weder Vokalzeichen und Kantillationsanweisungen über und unter dem Konsonantentext noch den umfänglichen kritischen Apparat der Masoreten, der in Bibelhandschriften oftmals für ästhetische Blüten sorgte (Abb. 10). Eine weitere Besonderheit der Schriftrollen ist die »Krönung« der sieben Buchstaben *'ajin, ṭet, nun, zajin, gimmel, ṣade* und *šin*, die mit drei strichförmigen Verzierungen, den sogenannten *tagin* bzw. Krönchen ausgezeichnet werden. Allerdings kennt die Schreibtradition auch Ausnahmen, bei denen andere Buchstaben als die sieben genannten gekrönt werden. Es variiert ebenfalls die Anzahl der strichförmigen Verzierungen. Die europäische Tradition griff diese Tendenz auf und maß insbesondere der symbolischen Deutung der außergewöhnlichen Buchstabenformen und Krönchen große Bedeutung zu.

---

31 Das Alphabet des Rabbi Aqiva (ältere Rezension), übers. von ADOLPH JELLINEK, in: AUGUST WÜNSCHE (Hrsg.): Aus Israels Lehrhallen, Bd. 4, Leipzig 1909, Hildesheim ²1967, S. 181.
32 Ebd., S. 184.
33 Ebd., S. 186.

Abb. 10: Beginn des Buches Genesis mit mikrographiertem masoretischen Kommentar über und unter dem Bibeltext, SBB: Ms. or. fol. 1212, Bl. 1v

1.2 Bestimmung von Alter und Herkunft einer Torarolle

Die Torarolle kann als das Herzstück des kulturellen Gedächtnisses des jüdischen Volkes betrachtet werden, da hier die grundlegenden Erinnerungsstränge seiner Identität zusammenlaufen und immer wieder neu umrissen werden. Sie ist ein Fenster zur göttlichen Welt und konstruiert einen Ort kultureller Identität jenseits des Profanen. Der heilige Text definiert dabei nicht nur Glaubensinhalte, sondern repräsentiert auch den sinnlichen Ausdruck der göttlichen Offenbarung und wird selbst als Vertreter Gottes im Ritual verehrt. Die Bewahrung und Weitergabe der Schrift von einer Generation auf die nächste in ihrer unveränderlichen Form wird insbesondere für das Diasporajudentum zur wichtigsten Aufgabe. Denn allein dieser Text markiert die geistigen Grenzen des in die unterschiedlichsten Kulturräume der Welt zerstreuten jüdischen Volkes und begründet auch über große geographische Distanzen hinweg eine gemeinschaftliche Identität. Eine Torarolle – das kann mit Blick auf die Herstellungspraktiken gesagt werden – versucht immer, eine möglichst identische Kopie des antiken Tempelrollenexemplars zu sein. Die teilweise archaisch anmutenden Schreibregeln sind dementsprechend auch als eine Reminiszenz an die glückliche Zeit, da das Heiligtum noch stand und das jüdische Volk ein kulturelles Zentrum hatte, zu verstehen.

Diese anachronistische Schreibpraxis macht es allerdings auch schwer, eine Torarolle zu datieren und den Ort ihrer Genese zu bestimmen. Dennoch konnte die Forschung über die Beschaffenheit des Schreibstoffes und des paläographischen Befunds hinaus einige Indizien für oder gegen einen bestimmten Zeitabschnitt bzw. eine bestimmte Region sammeln:

Textvarianten: Varianten im Text können Aufschluss über Herkunft und Zeit des Schreibers geben. Der Aleppo-Kodex (Tiberias, ca. 930), der heute im Israel Museum in Jerusalem aufbewahrt wird, gilt in der Bibelforschung als die zuverlässigste Quelle sowohl für den biblischen Text als auch für die Kantillation und den masoretischen Apparat[34] und wird aus diesem Grund

---

34 Den Bibeltext, so wie er heute in Handschriften oder in gedruckter Form vorliegt, nennt man »Masoretischer Text«. Er heißt so, weil er den kritischen Kommentar der Masora enthält, was wörtlich übersetzt »Überlieferung« bedeutet. Die Masoreten waren jüdische Schriftgelehrte, die sich vom 7. bis ins 11. Jahrhundert hinein um die korrekte Schreib- und Leseweise der Hebräischen Bibel bemüht haben. Ziel der Schriftgelehrten war es, den Text der Bibel vor Änderungen, die durch die handschriftliche Tradierung vorprogrammiert waren, zu bewahren und – was noch wichtiger war – durch die Hinzufügung von Vokalen und Akzenten, die tatsächlich erst im 8. Jahrhundert ihre endgültige Gestalt bekamen, die richtige Lesung sicher zu stellen. Diese Aufgabe war umso dringlicher geworden, da nur noch wenige Spezialisten die richtige Aussprache des ohne Vokale notierten Hebräischen beherrschten. Der Kodex Aleppo wurde von Schlomo ben Bujaa (die Konsonanten) geschrieben und von Aaron Ben Ascher um 925 mit Vokalen, Akzenten und masoretischen

als Muster für den Vergleich unterschiedlicher Textvarianten herangezogen. Jordan S. Penkower untersuchte die unterschiedlichen Texttraditionen des Pentateuch und konnte mit dem Aleppo-Kodex als Vergleichsbasis eine aschkenasische, sefardische und jemenitische Überlieferungsvariante sowie eine Tradition des Mittleren Ostens ausmachen.[35]

Die Sektionen und das Layout der Lieder: Die Tradierung der weiter oben beschriebenen Pausen (*setumot* und *petuchot*) fand erst im 12. Jahrhundert mit der religionsgesetzlichen Autorität Moses Maimonides zu einer einheitlichen Form. Auch Maimonides bezog sich auf den Aleppo-Kodex, um verbindliche Kopiervorschriften für die Texte der hebräischen Bibel festzulegen. Der Maimonidische Regelkanon avancierte im orientalischen Kulturraum schnell zum Standard und gewann im Laufe des 13. Jahrhunderts auch in jüdischen Kreisen des christlichen Europas mehr und mehr an Einfluss, sodass bei Handschriften ab dem 14. Jahrhundert Varianten im Schriftbild einer Handschrift kaum noch als Unterscheidungsmerkmal einer Region herangezogen werden können. Dennoch gibt es bis ins 16. Jahrhundert hinein Diskussionen und spezifische Abweichungen, die zur Diskussion der Textgenese beitragen.[36]

Dazu kommt die Darstellung der Lieder – des sogenannten »Meerliedes« (Ex 15,1 – 19) und des »Moseliedes« (Deut 32,1 – 43). Das Meerlied kann in 28 – 31 poetischen Zeilen in einem symmetrischen Ziegelmuster geschrieben sein und regional unterschiedliche Rahmen in Form von Leerzeilen und Blocksätzen aufweisen. Das Moselied umfasst abhängig von der regionalen Tradition 67 – 70 Zeilen. Der einflussreiche antike Schreibertraktat *Massechet Soferim* gibt für letzteres 70 Zeilen vor, doch Maimonides folgt dem Aleppo-Kodex mit 67 Zeilen.

Im europäischen Raum ist die Darstellung der Lieder lange Zeit umstritten, so dass bis ins 16. Jahrhundert hinein eine aschkenasische und eine – grob gesagt – orientalische Tradition ausgemacht werden kann. Erst mit dem Erscheinen des einflussreichen religionsgesetzlichen Werks Josef Caros im 16. Jahrhundert, dem *Šulḥan Aruch* – »Der gedeckte Tisch« – und dessen Kommentierung durch neuzeitliche Religionsgelehrte fand auch in diesem

---

Anmerkungen versehen. Das Manuskript, von dem nur drei Viertel erhalten sind, galt bereits im Mittelalter jüdischen Gelehrten als die zuverlässigste Quelle des biblischen Textes.

35 JORDAN S. PENKOWER: A Sheet of Parchment from a 10th or 11th Century Tora Scroll: Determining its Type among Four Traditions (Oriental, Sefardi, Ashkenazi, Yemenite), in: Textus 21 (2002), S. 235 – 264.

36 Eine endgültige Festlegung der Petuchot und Setumot erfolgte erst im 16. Jahrhundert in dem religionsgesetzlichen Klassiker: *Šulḥan Aruch*. Vgl. HUBMANN, OESCH: Betrachtungen zu den Torarollen der Erfurter Handschriften-Sammlung (s. Anm. 1), S. 99 f.; TOV: Der Text der Hebräischen Bibel (s. Anm. 6), S. 40 – 43.

Punkt eine allmähliche Angleichung der Traditionen statt, die jedoch nicht alle regionalen Varianten beseitigen konnte.

Der Kolumnenbeginn: Es gibt eine (unverbindliche) Tradition, nach der sechs Kolumnen einer Torarolle mit einem bestimmten Wort beginnen sollen. Für dieses Phänomen ist das Merkwort ביה שמו - *bejah šemo* - überliefert, ein Akronym, das aus den Anfangsbuchstaben aller sechs Wörter gebildet ist. Interessanterweise gibt es regionale Varianten: Während das *beit* immer für *berešit* (Gen 1,1) = *im Anfang*, das *he* immer für *habba'im* (Ex 14,28) = *sie kamen* und das *waw* immer für das Wort *wea'idah* (Deut 31,28) = *ich rufe als Zeugen auf* steht, konnte das *jud* den Anfangsbuchstaben des Wortes *jehudah* (Gen 49,8) = der Name *Jehuda* oder – in der orientalischen Tradition – des Wortes *joduqa* = *es preisen dich* im selben Vers zugeordnet werden. Das *šin* galt in aschkenasischen Schreiberkreisen als Anfangsbuchstabe des Wortes *šemor* (Ex 34,11) = *beachte wohl*, doch im orientalischen Kulturkreis für das Wort *šofetim* (Deut 16,18) = *Richter* und das *mem* im aschkenasischen Raum für *mah towu* (Num 24,5) = *wie gut sie sind* oder im orientalischen Kulturkreis für *mosa* (Deut 23,24) = *das, was hervorgeht*.[37]

Die tagin und Sonderbuchstaben: Die Krönung der Buchstaben und die Verwendung von Sonderbuchstaben erlebte im Europa des 12. und 13. Jahrhundert eine Blütezeit und betraf auch andere Buchstaben als die sieben bereits im Talmud genannten. Auch die Anzahl und die Formen der Krönchen variierten. Ab dem 15. Jahrhundert ist ein Rückgang dieser besonderen Verzierungen zu beobachten.

Die hier in aller Kürze beschriebenen regionalen und temporalen Kennzeichen einer Torarolle werden im Folgenden bei der Betrachtung der Wolfenbütteler Rollen herangezogen.

---

37 HUBMANN, OESCH: Betrachtungen zu den Torarollen der Erfurter Handschriften-Sammlung (s. Anm. 1), S. 98.

2. Die Magdeburger Torarolle Cod. Guelf. 148 Noviss. 2°

2.1 Die Geschichte der Magdeburger Torarolle

Die sogenannte »Magdeburger Torarolle« (Farbabb. 1, S. 125) ist schon aufgrund ihres hohen Alters ein besonders wertvolles Zeugnis der hebräischen Schriftkultur des Mittelalters. Sie gehört zu den wenigen vollständig erhaltenen aschkenasischen Torarollen aus dem 14. Jahrhundert und stellt dementsprechend ein wichtiges Untersuchungs- und Vergleichsobjekt für die Erforschung der mittelalterlichen Schriftrollenherstellung dar. Glücklicherweise sind auch Aussagen über ihre Herkunft möglich, da sie als Geschenk an Herzog Julius von Braunschweig und Lüneburg und Fürst von Braunschweig-Wolfenbüttel ausgezeichnet ist. Über den Anlass dieser Schenkung ist leider nichts bekannt.[38] Auf der Rückseite des ersten Pergamentblattes der Torarolle ist ein Widmungsbild mit dem Magdeburger Stadtwappen und der Jahreszahl 1573 aufgemalt (Farbabb. 2, S. 126) und mit folgender Beschriftung versehen:

> S[acra] S[criptura]
>
> Illustrissimo Principi ac Domino Domino Julio, Braunsuicensium ac Luneburgensium Duci, Domino suo clementissimo dd: Consulatus Senatusque Veteris Civitatis Magdeburgensis, in singulare monumentum antiquitatis et perpetuam memoriam. [= Die Heilige Schrift wurde dem glanzvollen Fürsten und Herrn, Herrn Julius, Herzog von Braunschweig und Lüneburg, seinem gnädigsten Herrn, geschenkt vom Rat und Senat der Altstadt Magdeburg, als einzigartiges Zeugnis des Altertums und zum ewigen Andenken.]

Dieses Schenkungszeugnis wird durch ein Schriftstück auf Pergament ergänzt, das Details zu den näheren Umständen des Transfers von Magdeburg in den Besitz des Herzogs preisgibt und den Wert der Rolle einschätzt (Abb. 11). Der Magdeburger Rat beauftragte demzufolge seinen Kämmerer Anton Moritz mit der feierlichen Übergabe der Torarolle am 22. August 1573 an Herzog Julius, wohl wissend, dass es sich hier um ein außergewöhnlich wertvolles Objekt handelte. Die ideelle Bedeutung dieses hochheiligen Ritualgegenstandes für die jüdische Gemeinde war dem Rat wohl kaum in vollem Maße bewusst. Die Ratsherren konnten den hohen Wert allerdings an dem Angebot »etlicher Juden« ablesen, die angeblich die beeindruckend hohe Summe von 6.000 Talern für die Rückführung der Rolle in jüdische Hände boten. Auch die Festsetzung des Lohnes eines Schreibers für die Herstellung einer solchen Torarolle mit 500 Talern wurde bemerkt, um den hohen materiellen Wert des Geschenks zu unterstreichen. Die gewagte

---

38 Vgl. CORD MECKSEPER (Hrsg.): Stadt im Wandel. Kunst und Kultur des Bürgertums in Norddeutschland 1150–1650, Stuttgart-Bad Cannstatt 1985, S. 510f.

2.1 Die Geschichte der Magdeburger Torarolle

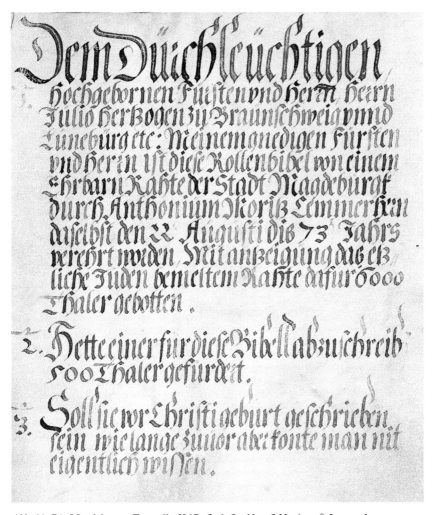

Abb. 11: Die Magdeburger Torarolle, HAB: Cod. Guelf. 148 Noviss. 2°, Image eb. 04

»Dem Durchleuchtigen
1. Hochgebornen Fürsten vnd Herrn Herrn Julio hertzogen zu Braunschweig vnnd Lüneburg etc.: Meinem gnedigen Fürsten vnd Herrn ist diese Rollenbibel von einem Ehrbarn Rahte der Stadt Magdeburk durch Anthonium Moritz Lemmerhern daselbst den 22. Augusti dis 73 Jahrs verehrt worden, Mit antzeigung das etzliche Juden bemeltem Rahte dafür 6000 Thaler geboten.
2. Hette einer für diese Bibell abzuschreiben 500 Thaler gefurdert.
3. Soll sie vor Christi geburt geschrieben sein wie lange zuvor aber konnte man nit- eigentlich wissen.«

Datierung der Rolle in vorchristliche Zeit – die den Schreiber sicherlich erfreut hätte! – gibt dem Manuskript in Verbindung mit der seltsamen Rollenform die nötige mythische Aura, die christliche Sammler an solch einem Artefakt sicherlich anzog.

Über die Umstände, wie die Torarolle überhaupt in den Besitz des Magdeburger Rats gelangte, kann nur spekuliert werden. Innerhalb des infrage kommenden Zeitraums vom 14. Jahrhundert bis zur endgültigen Ausweisung der Magdeburger Juden im Jahre 1493 gab es mehrere gewalttätige Ausschreitungen gegen die jüdische Bevölkerung, die laut Chroniken mit Plünderungen des Judendorfes einhergingen.[39] Erzbischof Ruprecht ließ im Herbst 1261 wohlhabende Juden festsetzen, deren Häuser plündern und hohe Ablösesummen für die Freilassung der Gefangenen erpressen; durch Ritualmordlegenden aufgestachelte Magdeburger Bürger stürmten in der Karwoche 1301 mordend und raubend das Judendorf; im Zuge der Pestpogrome im Jahre 1350 und 1357 kam es zu weiteren Anschlägen auf Leben und Besitz der Magdeburger Juden; 1384 wurde die jüdische Siedlung erneut »ausgepucht und geplundert«[40]. Es ist aber auch gut möglich, dass die Torarolle im Jahre 1493 zusammen mit den anderen Besitztümern der jüdischen Gemeinde auf Verfügung des Erzbischofs von Magdeburg, Ernst von Sachsen, konfisziert und nicht wieder ausgelöst wurde. Für diese Annahme spräche die schnelle Umwidmung der Magdeburger Synagoge in eine Marienkapelle, die sicherlich aller jüdischen Ritualgegenstände beraubt war. Ob bei den vorherigen Raubzügen der Magdeburger Bürger auch die Synagoge und deren Inventar angetastet wurde, ist nicht bekannt.

Die Chronisten erzählen neben der langen Verfolgungsgeschichte der Magdeburger jüdischen Gemeinde auch zwei in diesem Kontext bemerkenswerte Anekdoten, in denen eine Tora als Versöhnerin eine zentrale Rolle zugewiesen bekommt. So wird berichtet, dass am 15. April 1207, als Erzbischof Albrecht aus Rom kommend am Palmsonntag in Magdeburg Einzug hielt, neben der Geistlichkeit, den Fürsten und Bürgern der Stadt auch von den Magdeburger Juden begrüßt wurde. Sie sollen ihm einen »codex eorum« – wahrscheinlich einen hebräischen Pentateuch – entgegengehalten und zum Kusse dargeboten haben. Diesen Kuss machte Albrecht »in der Folge die

---

39 Vgl. u. a. MORITZ GÜDEMANN: Zur Geschichte der Juden in Magdeburg, Breslau 1866; KARL-HEINZ KÄRGLING: *Meideburg – du wol gebauwates hus*. Von den Schicksalen der Juden und Christen im mittelalterlichen Magdeburg, in: MATTHIAS PUHLE, GERD BIEGEL (Hrsg.): Hanse – Städte – Bünde: Die sächsischen Städte zwischen Elbe und Weser um 1500 (Ausst.-Kat. Kulturhistorisches Museum, Bd. 1), Magdeburg 1996, S. 250–266.

40 Magdeburger Schöppenchronik, hrsg. von KARL JANICKE, in: Die Chroniken der deutschen Städte vom 14. bis ins 16. Jahrhundert, Bd. 7, Leipzig 1869, Göttingen ²1962, S. 223. Zitiert nach KÄRGLING: *Meideburg – du wol gebauwates hus* (s. Anm. 39), S. 260.

abergläubische Menge zu einem schweren Vorwurfe«[41]. Eine ganz ähnliche Szenerie spielte sich etwa 170 Jahre später vor dem Tor Sudenburgs, dem Sitz des Erzbischofs, ab:

> Item vor dem thore jnwendig der Sudenburgk ist die Judisheit mit großen Kertzen dem postulirten entgegen gangen, mit Moysisbuche, daßelbe Moysisbuch sie seynen gnaden fürgehalden haben, das dann seyne gnade durch hugolden von Slinitz, Hertzog Ernstes von Sachßen seynes Vaters Ober Marschalgk entpfangen, vnd den Juden widerreichen laßen hat.[42]

Karl-Heinz Kärgling schildert dieses Ereignis – leider ohne seine Quellen zu nennen – detailreicher und ersetzt das »Moysisbuch« mit einer durch »Silber geschmückte[n], im Mantel geschützten Torarolle«[43], die dem erst 11-jährigen Prinzen Ernst von Sachsen und zukünftigen Erzbischof zu Magdeburg bei seinem prachtvollen Einzug in die Stadt 1476 entgegengehalten wurde.

Das Küssen der Heiligen Schrift spielt in der jüdischen und christlichen Liturgie eine zentrale Rolle. Der jüdische Gottesdienst erlaubt den Mitgliedern der Gemeinde den Mantel der Torarolle oder die Rolle selbst zu küssen, während dieses Privileg in der Kirche – hier mit Blick auf Evangeliar oder Messbuch – dem Priester oder Subdiakon vorbehalten war. Als Vertreter Christi trug man das kostbar illuminierte Evangeliar gelegentlich auch ins Freie, um es dem Volk zu zeigen und auch dem Messbuch kam große performative Präsenz in einem Ritus zu, der dem kollektiven Schauen zentrale Bedeutung beimaß. Der jüdische Ritus im mittelalterlichen Aschkenas beschränkte sich dagegen (gezwungenermaßen) auf den synagogalen Raum. Umso erstaunlicher erscheint diese versöhnliche Geste vor den Toren Magdeburgs, bei der jüdische und christliche Elemente des Ritus ineinanderfließen, da ein Pentateuch oder vielleicht sogar eine hochheilige Torarolle auf sehr christliche Art und Weise geehrt und als Mittlerin zwischen Synagoga und Ecclesia inszeniert wird.

2.2 Die materialen Eigenschaften der Magdeburger Torarolle

Die Magdeburger Torarolle ist insgesamt in einem relativ guten Zustand. Das Pergament ist wenig verschmutzt und kaum abgegriffen. Kleine Risse und Löcher wurden von Seiten der Bibliothek zu einem nicht bekannten Zeitpunkt restauriert (Abb. 12). Die 97 Blätter der Torarolle sind ca. 60 cm hoch und 50 cm breit und erfassen drei Kolumnen mit je 48 Zeilen. Die aschkenasische

---

41 HERRMANN SCHMIDT: Erzbischof Albrecht II. von Magdeburg, in: Geschichts-Blätter für Stadt und Land Magdeburg 16/1 (1881), S. 1–33, hier S. 20 mit Anm. 2 und 3.
42 JOHANN CHRISTOPH VON DREYHAUPT: Pagus Neletici et Nudzici, oder Ausführliche diplomatisch-historische Beschreibung des zum ehemaligen Primat [...], Halle 1750 (Nachdr. 2002), Bd. 1, S. 164.
43 KÄRGLING: *Meideburg – du wol gebauwates hus* (s. Anm. 39), S. 263.

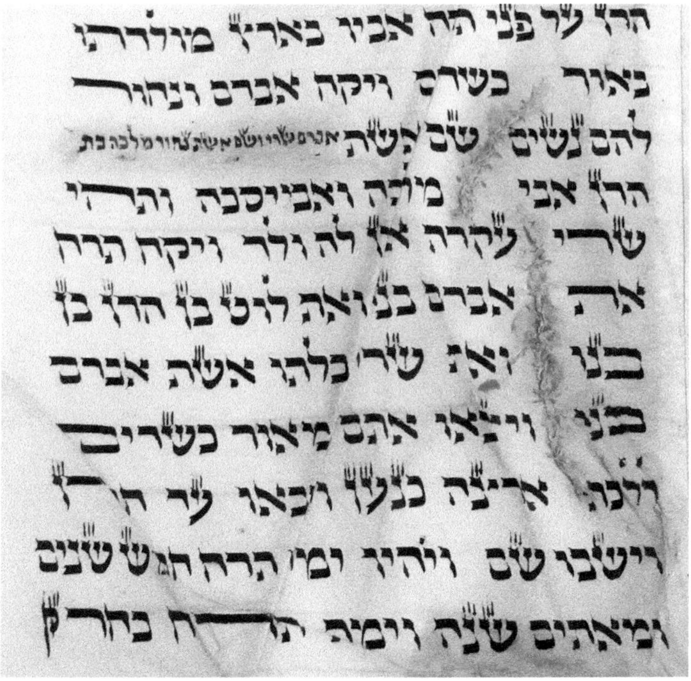

Abb. 12: Vernähte Risse innerhalb der Magdeburger Torarolle, HAB: Cod. Guelf. 148 Noviss. 2°, Bl. 5 (Ausschnitt)

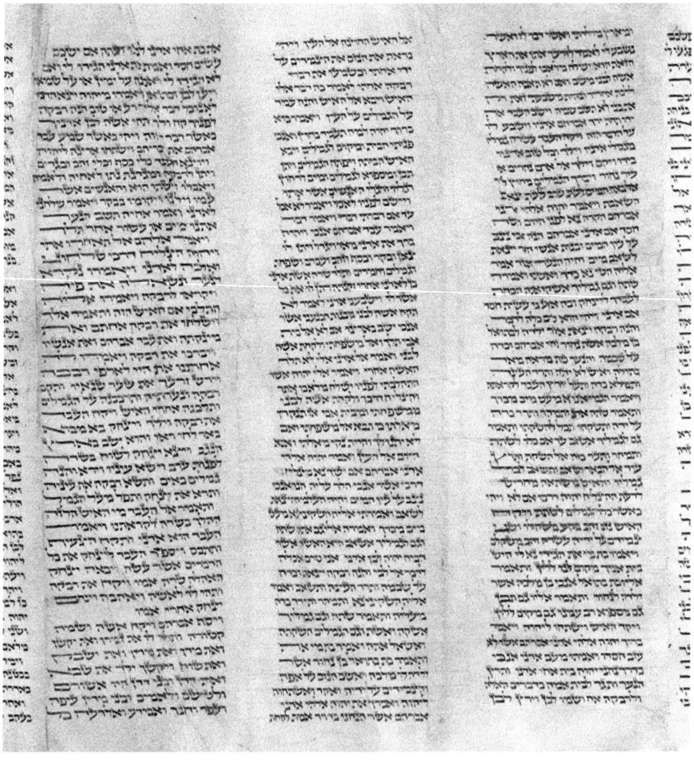

Abb. 13: Erneuertes Blatt der Magdeburger Torarolle, HAB: Cod. Guelf. 148 Noviss. 2°, Bl. 10

2.2 Die materialen Eigenschaften der Magdeburger Tarolle

Abb. 14: Zwei unterschiedliche Hände in HAB: Cod. Guelf. 148 Noviss. 2°, Bl. 10/11

2. Die Magdeburger Torarolle Cod. Guelf. 148 Noviss. 2°

Abb. 15 a: Alte Naht in HAB: Cod. Guelf. 148 Noviss. 2°, Bl. 9/10 (Ausschnitt)

2.2 Die materialen Eigenschaften der Magdeburger Torarolle

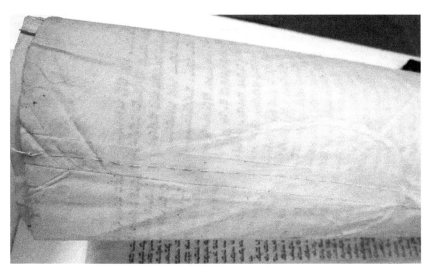

Abb. 15 b: Erneuerte Naht in HAB: Cod. Guelf. 148 Noviss. 2°, Bl. 35/36 (Ausschnitt)

Quadratschrift ist groß, klar und mit Liebe zum Detail professionell ausgeführt und passt von ihrem Erscheinungsbild ins 14. Jahrhundert. Das zehnte Blatt wurde ausgetauscht und von einer Hand aus dem 16./17. Jahrhundert neu geschrieben (Abb. 13). Die Schrift wirkt im Vergleich zur älteren Hand weniger elegant und sorgfältig; die Tinte hat sich ins Bräunliche entwickelt (Abb. 14). Über die Gründe für die Notwendigkeit einer solchen Reparatur kann nur spekuliert werden. Vielleicht hat eine ungünstige Lagerung der Rolle zu Schaden oder Verlust dieses Blattes beigetragen. Dafür würden die ungewöhnlich stark ausgeprägten Falten im Pergament entlang der vertikalen Linien zwischen einzelnen Kolumnen sprechen. Es wäre vorstellbar, dass die Rolle eine Zeitlang ohne Rollstab übereinander gefaltet aufbewahrt wurde und bei dieser Gelegenheit die alten Nähte verschlissen sind.

Ungewöhnlicherweise sind die Blätter miteinander verleimt statt vernäht, was sicherlich zu einem späteren Zeitpunkt von der Bibliothek veranlasst wurde. An einigen verklebten Stellen sind noch die Reste der alten bzw. die Fäden einer neuen Naht zu sehen (Abb. 15 a – b). Im Bibliotheksarchiv der Herzog August Bibliothek (BA III, 47) findet sich bei den Bibliotheksrechnungen von 1640 – 1652 ein diesbezüglich interessanter Eintrag:

> Anno 1644 [...] 28. Aug. Fur die pergamenblätter des kürzeren Manuscripti Hebraici voluminis legis zusammen zuleimen, dem Buchbinder 3 Groschen. Fur einen cylindern und Handgrif daran, dem Dresler 2 Groschen. Für drei Handgriffe daran, anzustreichen, dem Mahler 3 gl.[44]

---

[44] Ganz herzlichen Dank an Bertram Lesser, der mir das hier besprochene Archiv- und Katalogmaterial zu den Schriftrollen zusammengestellt und freundlicherweise überlassen hat.

2. Die Magdeburger Torarolle Cod. Guelf. 148 Noviss. 2°

Mit einer Länge von beinahe 50 m scheint es unwahrscheinlich, dass es sich bei dem »kürzeren Manuskript« um die Magdeburger Rolle handeln soll. Die zweite vollständig erhaltene Torarolle der Herzog August Bibliothek (Cod. Guelf. 149 Noviss. 2°) ist kürzer, doch sind hier die Blätter nicht miteinander verleimt, sondern vernäht. In den alten Helmstedter Katalogen ist bei den Hebraica allerdings noch von einer weiteren Torarolle die Rede. In der Handschriftenbeschreibung von Liborius Otho (Cod. Guelf. A Extrav., p. 159 »Sanctuaria Domini, id est Sacra Biblia…«, sub littera A) aus dem Jahre 1614 finden sich genau wie im Handschriftenkatalog von Christoph Schrader (Katalog der Handschriften der Universitätsbibliothek Helmstedt, 1644, Cod. Guelf. 27.2 Aug. 2°, 1r, Theologici in folio) drei Schriftrollen. In Schraders Katalog ist der Umfang der Rollen notiert:

1. Volumen legis divinae Hebraicum, scriptum in membrana, foliis XCVII. In tergo primi folii depicta sunt insignia Urbis Magdeburgensis cum hac inscriptione: 1573 S. S. Illustrissimo Principi … memoriam. (148 Noviss. 2°)
2. Volumen legis divinae Hebraicum, in membrana, foliis 46
3. Volumen legis divinae Hebraicum, in membrana, continens Genesim et partem Exodi usque ad capitis xiv versum 28, foliis 73

Bei der erstgenannten Rolle handelt es sich zweifelsohne um die in diesem Kapitel beschriebene Magdeburger Rolle. »Volumen legis divinae Hebraicum« Nummer zwei ist die Torarolle mit der heutigen Signatur Cod. Guelf. 149 Noviss. 2° (vgl. Abschnitt 3), die tatsächlich aus 46 zusammengenähten Pergamentblättern besteht. Die bei Schrader und vorher bei Liborius Otho erwähnte dritte Rolle befindet sich nicht mehr im Besitz der Herzog August Bibliothek und es ist durchaus möglich, dass es sich hierbei um das geklebte Exemplar aus der oben zitierten Archivnotiz von 1644 handelte. Dass die Rolle »hinden defect« war, notierte auch Liborius Otho. Dennoch bleibt die Frage offen, wie der relativ kurze Abschnitt Gen 1–Ex 14,28 tatsächlich 73 Blätter füllen kann. Oder ist hier versehentlich eine viel wahrscheinlichere 13 durch die 73 ersetzt worden? Dessen ungeachtet bestärkt die Ausgabennotiz die Annahme, dass auch die Magdeburger Torarolle während ihrer Zeit in der Bibliothek restauriert, d. h. die Blätter geklebt und sie mit neuen Rollstäben versehen worden ist – ein schriftlicher Nachweis dafür ist leider nicht aufzufinden.

Wo die dritte große Torarolle verblieben ist, kann anhand der Bibliotheksdokumente nicht mehr nachvollzogen werden. Sie gehörte wie die beiden anderen Schriftrollen sicherlich auch zu den Helmstedter Handschriften der Herzog August Bibliothek, da Schrader sie dort noch vorfand und in seinen Katalog aufnahm. Der Katalog von Paul Jakob Bruns, dem letzten Bibliothekar der Universität Helmstedt, (BA III, 51 und 52, erstellt 1797–1803) verzeichnet nur die Pentateuch-Manuskripte Cod. Guelf. 3 Helmst. (Nr. 1225) und Cod. Guelf. 659 Helmst. (Nr. 741). Die Torarollen sind als Sonderzimelien dagegen nicht verzeichnet und wurden im Zimelienschrank aufbewahrt. Dem Tagebuch des Wolfenbütteler Bibliothekars Gustav Milchsack ist zu entnehmen, dass sich die Schriftrollen auch 1913 immer noch dort befanden – also fast hundert Jahre nach der Rückführung der Helmstedter Handschriften nach Wolfenbüttel im Jahre 1815. Allerdings berichtet er nurmehr von zwei Rollen (HAB BA II, 590):

> Montag, 26. August 1912. [...] – Heinemann hat die Helmstedter Handschriften verzeichnet so wie sie heute vereinigt sind, um ihre Geschichte hat er sich wenig gekümmert u. die alten Handschriftenkataloge gar nicht durchgearbeitet, nur hie und da einmal eingesehen. Von den noch in Helmstedt befindlichen beiden hebräischen schönen, auf Pergament geschriebenen Thoren weiß er nichts.
>
> Dienstag, 25. März 1913. [...] Ich hatte doch etwas Sorge, daß sich die Helmstedter doch noch von Vogel erregen lassen möchten und fuhr mittags nach Helmstedt. Ich hatte Glück u. traf Groblebens zu Hause. Nachdem wir Kaffee getrunken, ging ich mit Grobleben zur Bibliothek, wo er mir mancherlei zeigte, wie er den Transport inzwischen vorbereitet etc. [...] Grobleben drängte, alles nach Wolfenbüttel herüberzunehmen, was nur irgend einen Werth hätte, bes. auch die Gemälde. Die Pgmthora's werde ich jedenfalls herübernehmen.
>
> Sonntag 18. Mai 1913. [...] In Helmstedt waren zwei Thoras, sehr schöne Pergamentrollen, eine habe ich neulich mitgebracht, die andere kommt mit dem Transport am Mittag nach.

Das Schicksal der dritten Schriftrolle bleibt im Dunkeln.

Der Text der Magdeburger Torarolle weist im Vergleich zum Aleppo-Kodex relativ viele Varianten auf, die – wie andere »Fehler« – zum Teil von einer späteren Hand ausgebessert wurden (Abb. 16), d. h. die Textvorlage des ursprünglichen Schreibers basierte wahrscheinlich noch nicht auf der Tradition des berühmten Bibelkodex – was für eine frühe Datierung ins 14. Jahrhundert spricht. Das Meerlied (Abb. 3, S. 23) wird durch 5 Prosazeilen oberhalb des eigentlichen Liedtextes eingeführt, wobei das Wort *habba'im* (Ex 14,28) den Beginn der rechten Kolumne markiert. Das entspricht dem Layout des Aleppo-Kodex wie den meisten Bibelhandschriften des Nahen Ostens, Jemens und des sefardischen Raums. Es gibt allerdings auch zahlreiche aschkenasische Handschriften, die eine solche Kolumnenaufteilung aufweisen, wie beispielsweise eine Torarolle aus der Erfurter Sammlung (Abb. 17). Es folgt eine Leerzeile und 30 Zeilen Liedtext, wobei die Zeilen 29 und 30 im Gegensatz zur poetischen Ziegelbauweise mit zwei oder drei Abschnitten durchgehend geschrieben sind. Hier

2. Die Magdeburger Tarolle Cod. Guelf. 148 Noviss. 2°

Abb. 16: Verschiedene Ausbesserungen in HAB: Cod. Guelf. 148 Noviss. 2°, Bl. 86

tendiert die Magdeburger Torarolle zur aschkenasischen Tradition und unterscheidet sich von orientalischen und sefardischen Zeugnissen, wo auch diese letzten beiden Zeilen die Symmetrie des poetischen Layouts wiederholen. Die Magdeburger Rolle hält sich – wie die meisten aschkenasischen Darstellungen dieses Liedes – auch nicht an die Vorgabe, das Meerlied mit einer Leerzeile von den Prosazeilen des folgenden Textes zu trennen, die nach Vorbild des Aleppo-Kodex wiederum einen Block von fünf Zeilen bilden sollten. Auch an letzteres hielten sich die meisten aschkenasischen Schreiber nicht.

Das Moseslied (Deut 32, 1–43) ist in der Magdeburger Torarolle in zwei nebeneinander verlaufenden Kolumnen mit 69 Zeilen geschrieben (Abb. 4, S. 24), was weder der orientalischen Tradition mit 67 Zeilen noch der im sefardischen und aschkenasischen Kulturraum üblichen Schreibweise mit 70 Zeilen entspricht. Bei genauerem Hinsehen zeigt sich jedoch, dass der Schreiber sehr wahrscheinlich einen Vers – nämlich Deut 32, 31 oder 32 – ausgelassen, d. h. ursprünglich doch 70 Zeilen geplant hat. Dieser Fehler ist

2.2 Die materialen Eigenschaften der Magdeburger Torarolle

Abb. 17:
Das Meerlied in einer der Erfurter Torarollen, SBB: Ms. or. fol. 1215, Bl. 28

Abb. 18: Ausschnitt aus dem Moseslied, HAB: Cod. Guelf. 148 Noviss. 2°,
Bl. 86/Image 97

bereits einem Korrekturleser aufgefallen, der zwei Zeilen wegradiert und mit den Versen Deut 32, 31 und 32 extrem eng neu beschrieben hat (Abb. 18).

Stichproben haben darüber hinaus ergeben, dass die Gliederungsweise durch die Pausen im Wesentlichen mit der Maimonidischen Vorlage übereinstimmt, allerdings in manchen Fällen auch eigene Wege geht. In diesem Punkt entspricht die Magdeburger Torarolle anderen aschkenasischen Überlieferungen der hebräischen Bibel des Spätmittelalters ebenso wie in der Darstellungsweise der weiter oben vorgestellten besonderen Kolumnenanfänge. Die sechs besonderen Kolumnen beginnen hier mit Gen 1,1 – Gen 49,8 (jehudah) – Ex 14,28 – Ex 34,11 – Num 24,5 und Deut 31,28. Der Text und das Schriftbild der Magdeburger Torarolle, das kann abschließend festgestellt werden, entsprechen einer frühen aschkenasischen Tradition, die noch nicht so stark standardisiert war wie in Torarollen aus dem späten 15. und 16. Jahrhundert.

2.3 Ungewöhnliche Buchstaben und Krönchen

Die ungewöhnlich große Anzahl und außergewöhnliche Formenvielfalt von Krönchen (tagin) und speziellen Buchstabenformen innerhalb der Handschrift untermauert die These, dass die Magdeburger Torarolle ins 14. Jahrhundert zu datieren ist.

Menachem ben Solomon Meiri, der in der zweiten Hälfte des 13. Jahrhunderts in Perpignan wirkte, fasste in seinem Schreiberhandbuch Qirjat Sefer Vorschriften zum Schreiben einer Tora zusammen. In einem Vorwort beklagte er sich dort über die große Anzahl der unterschiedlichen Lehrmeinungen bezüglich des idealen Schriftbildes einer Tora. Ein gewisser Wildwuchs hinsichtlich der Buchstabenformen und Verzierungen war dem Schriftgelehrten ein besonderer Dorn im Auge, sodass er sich dazu

2.3 Ungewöhnliche Buchstaben und Krönchen

Abb. 19 a: Der zweite Buchstabe von rechts ist ein ausnahmsweise gekröntes »pe«, HAB: Cod. Guelf. 148 Noviss. 2°

Abb. 19 b: Der dritte Buchstabe von rechts ist ein ausnahmsweise gekröntes »kaf«, HAB: Cod. Guelf. 148 Noviss. 2°

Abb. 19 c: Der vierte Buchstabe von rechts ist ein ausnahmsweise gekröntes »quf«, HAB: Cod. Guelf. 148 Noviss. 2°

entschloss, die korrekte Ausführung des variantenreichen Buchstabenschmucks in einem eigenen Abschnitt darzulegen. Da die meisten der dort angeführten Schriftblüten auch in der Magdeburger Rolle zu finden sind, sei an dieser Stelle ein Abschnitt aus Menachems Ausführungen zitiert und, wo möglich, mit Beispielen aus dem Wolfenbütteler Cod. Guelf. 148 Noviss. 2° illustriert.

Und daher solltest du wissen, dass sich eine alte Tradition in der Hand der akkuraten Schreiber befindet, die ausgehend von Ezra dem Schreiber an Moses, gesegnet sei er, [und dann] von einem Mann zum anderen Mann mündlich weitergegeben wurde. Es gibt innerhalb einer Torarolle gewisse Buchstabenabweichungen der unterschiedlichsten Art. Es ist empfehlenswert, diese [Abweichungen der Buchstaben] als ein Gesetz genau zu verfolgen, obwohl eine nicht genaue [Wiedergabe der Tradition eine Torarolle für den rituellen Gebrauch] nicht disqualifiziert.

Es gibt Gewickelte (לפופות), Gekrümmte (עקומות), Gekrönte (מנוזרות) (Abb. 19 a – c), Gerollte (מעגלות), Abgespreizte (דפתיות), Zurückgesetzte (דחויות) und Hängende (תליות) und die, deren Form schlecht geraten ist. Die Erklärung dieser Zeichen ist [Folgendes]: *Lefufot* sind jene feinen Kreise inmitten eines Buchstabens (Abb. 20 a – d), einer mit dem anderen verbunden, so wie die Ineinanderwicklung zweier Dinge. Wie gesagt ist: ›gewickelter Säugling‹ [*lefufi jenuqa*]. Diese [Form der Verzierung] kommt meist bei den [Buchstaben] *pe* und *ṭet* vor. *'Aqumot* heisst es, wenn ein Buchstabe etwas gekrümmt ist, so wie das *ḥet* in [Ex 32,10] ויחר-אפי – *mein Zorn brennt* – wie Moses im Zuge der Ereignisse um das goldene Kalb spricht. Es [i. e. das *ḥet* im Wort *wejiḥar*] ist vollständig gekrümmt genau wie das Wort חטאה – *Sünde*. *Deḥujot* (Abb. 21) sind jene [Zusätze], die hauptsächlich gerade Buchstaben betreffen, doch wo der Strich gekrümmt und unterhalb der Hauptlinie des Buchstabens weitergezogen ist, wie bei dem *qof* in בקמיהם [Ex 32,25] in der Geschichte vom goldenen Kalb, wo das *qof* hauptsächlich wie gewohnt [geschrieben ist], doch die [gewöhnlich gerade nach unten gehende] Linie ist außergewöhnlich [lang und gekrümmt geschrieben].

2. Die Magdeburger Torarolle Cod. Guelf. 148 Noviss. 2°

Abb. 20 a

Abb. 20 b

Abb. 20 c

Abb. 20 d

Abb. 20 a – d: Gewickelte »pe« in der Wolfenbütteler Torarolle,
HAB: Cod. Guelf. 148 Noviss. 2°

Abb. 21: Ein ungewöhnlich verlängertes »ḥet«,
HAB: Cod. Guelf. 148 Noviss. 2°

Abb. 22: Vergrößertes »waw« in dem Wort »gachon« – Bauch –
in Leviticus 11,42, HAB: Cod. Guelf. 148 Noviss. 2°

Abb. 23 a: Der Buchstabe »nun« mit einem ungewöhnlichen
Schnörkel, HAB: Cod. Guelf. 148 Noviss. 2°

Abb. 23 b: Der Buchstabe »'ajin« mit einem ungewöhnlichen
Schnörkel, HAB: Cod. Guelf. 148 Noviss. 2°

Abb. 23 c: Der Buchstabe »lamed« mit Fähnchen am oberen Ende,
HAB: Cod. Guelf. 148 Noviss. 2°

Abb. 24 a: Kringel am Buchstaben »waw«,
HAB: Cod. Guelf. 148 Noviss. 2°

Abb. 24 b: Kringel am Buchstaben »waw«,
HAB: Cod. Guelf. 148 Noviss. 2°

Abb. 25 a: Verzierung des Buchstaben »jud« in der Mitte
des Wortes, HAB: Cod. Guelf. 148 Noviss. 2°

Abb. 25 b: Verzierung der Buchstaben »jud« und »pe«,
HAB: Cod. Guelf. 148 Noviss. 2°

2.3 Ungewöhnliche Buchstaben und Krönchen

Telujot (Abb. 22) sind da, wo ein Buchstabe nach oben oder nach unten vergrößert ist und dessen Ausmaß über die gewöhnliche Grundlinie der restlichen Buchstaben hinausgeht, wie das *waw* in גחון [Lev 11,42] [...]. Es gibt diejenigen [die sagen], die *menuzarot* leiten sich von dem Ausdruck נזרו אחור - *sie sind nach hinten abgewandt* [Jes 1,4] - ab und [damit sind] die umgekehrten *nun* [gemeint], von denen es zwei in der Tora gibt - eines vor ויהי בנסוע - *und als* [die Bundeslade] *weiterzog* - [Num 10,35] und eins am Ende [des Verses]. Es gibt auch jene, [die den Begriff *menuzarot* von der Wurzel] נזר - Krone - herleiten. Und es gibt ein [Zeichen] mit der Form des [Akzentzeichens] *teliša* (Abb. 23 a – c) manchmal am Kopf, manchmal am Fuß, manchmal am Kopf und Fuß [eines Buchstabens] wie am *ʿajin* [des Wortes] הדבורים תעשנה - *wie die Bienen tun* [Deut 1,44]. Doch ich nenne diese [Buchstaben] *muzraqot* [abgeleitet von dem Akzent] Zarqa. Es gibt [Zeichen] von dieser Art, die ich *megulot* nenne und diese sind sehr kleine Kreise (Abb. 24 a – b). [...] Manche verstehen unter [dem Begriff] *daftijot* (Abb. 25 a – b) ein Krönchen, das am Kopf eines Buchstabens nach zwei Seiten - nach oben und nach unten neigt und zwar meist am Buchstaben *jud* [...].

Doch für all diese [Verzierungen] gibt es bei uns keine Verpflichtung und keine festgelegte Weise, sondern nur eine mündliche Kunde dessen, was Schreiber in akkuraten Torarollen über Jahre hinweg gefunden haben.[45]

Die wichtigste Quelle der mittelalterlichen Halachisten und Schreiber für die korrekte Platzierung dieser Krönchen und außergewöhnlichen Buchstaben war der *Sefer ha-tagin – Das Buch der Krönchen*.[46] Die Entstehung des pragmatischen Regelwerks wird in der Gaonäischen Zeit[47] vermutet. Da schon der Talmud die Krönchen erwähnt, ist jedoch davon auszugehen, dass die Wurzeln der hier dargestellten Tradition noch weiter in die Antike zurückreichen.[48] Der *Sefer ha-tagin* gibt den Kopisten der Mosesbücher eine genaue Auflistung der Wörter und Buchstaben an die Hand, die – abgesehen von den sieben bereits im Talmud genannten – gekrönt, auf ungewöhnliche Weise geschrieben oder mit zusätzlichen Strichelchen versehen werden sollen. Die Begeisterung für diese kleinsten Schriftelemente ist vor allem in Textzeugnissen des 13. und 14. Jahrhunderts festzustellen, während der

---

45   MENACHEM BEN SOLOMON MEIRI, Qirjat sefer, Kapitel 2 a.
46   Folgende Ausführungen basieren auf einer ausführlichen Auseinandersetzung der Autorin mit dieser Thematik in der Habilitationsschrift: ›Arbeit des Himmels‹: Jüdische Konzeptionen des rituellen Schreibens in der europäischen Kultur des Mittelalters. Eine Studie zur Herstellung der STaM in Frankreich und Deutschland unter Berücksichtigung der christlichen Schreibkultur (Studia Judaica 115), Berlin u. a. 2021 (Druck in Vorbereitung).
47   »Gaon« ist der Titel der Leiter der rabbinischen Akademien Babyloniens im 6.–11. Jahrhundert und dementsprechend bezeichnet »Gaonäisch« eine ganze Periode, in der Gelehrte des jüdischen Religionsgesetzes Kommentare zu unterschiedlichen Themen des jüdischen Rechts und der Religion schrieben.
48   Vgl. bT Menaḥot 29 b: »Raba sagte: Sieben Buchstaben benötigen dreier tagin, und zwar: šin, ʿajin, ṭet, nun, zajin, gimmel und ṣade [finalis].« Siehe auch bT Soṭah 20 a; Šabbat 104 a, 89 a; Erubin 13 a, 21 b; Sanhedrin 104 a.

damit verbundene Formenreichtum bereits ab dem 15. Jahrhundert einer stark kanonisierten Schrifttradition wich.

Parallel zur Blütezeit dieses außergewöhnlichen Textschmucks entwickelte sich in demselben Zeitabschnitt eine exegetische Tradition, die diese ungewöhnlichen Schriftzeichen als Teil des göttlichen Offenbarungstextes kommentierte und einen festen Ort im kulturellen Gedächtnis des Diasporajudentums zuwies. Der bekannteste Vertreter dieser Schriftauslegung am äußersten Rand des visuell wahrnehmbaren Textes war Jakob ben Ascher, der Ende des 13./Anfang des 14. Jahrhunderts in den jüdischen Zentren am Rhein und Nordspanien wirkte. Er übte nicht nur immensen Einfluss auf die Entwicklung des jüdischen Rechts – auch auf die Schreibpraxis – in Aschkenas aus, sondern nahm gerade auch mit seinen zahlreichen Glossen zu den gekrönten Buchstaben eine besondere Rolle in der Geschichte der jüdischen Schriftauslegung ein.

Jakob ist zunächst einmal von der Tatsache angezogen, dass ein Buchstabe überhaupt von seiner gewöhnlichen Gestalt abweicht. Diese Sonderfälle sind aus seiner Perspektive kein Zufall; vielmehr deutet er sie als Aufforderung, das gekrönte Wort und den verbundenen Vers genauer zu betrachten und methodisch nahe am Midrasch[49] gegebenenfalls mit anderen Passagen der Bibel zu kontextualisieren. Aus diesem dichten Netz zentraler Ereignisse der jüdischen Geschichte, die mit wesentlichen Elementen rabbinischer Ethik gespickt sind, entsteht eine Art mythische Landkarte des kollektiven Gedächtnisses des Diasporajudentums. Wenn Moses beispielsweise als Gesandter des Volkes Israel vor Gott steht (Deut 5,27) und Gott *alle Gesetze und Gebote und Rechte, die du sie lehren sollst, dass sie darnach tun in dem Lande* an Moses weitergibt, ist das *jud* in dem Wort עמדי – *und du stehst hier mit mir* – in ungewöhnlicher Weise gekrümmt zu schreiben (Abb. 26). Der gekrümmte Buchstabe *jud* ahmte die demütige Körperhaltung des Moses vor Gott nach, so Jakob ben Ascher,

> als ob Gott zu dem Propheten sprach: »Du sollst in Ehrfurcht vor mir stehen, in gekrümmter Haltung.« Oder aber: »Ich stieg herab für dich, um dir die zehn [Zahlenwert des Buchstaben *jud* ist zehn] Gebote zu geben«.

---

49 Ein Midrasch gehört zu einer hebräischen Literaturgattung – den Midraschim –, die auf eine eher volkstümliche, erzählerische und legendenhafte Weise den biblischen Text kommentiert. Man unterscheidet generell zwischen einer »halachischen« und einer »aggadischen« Exegese. Erstere beschäftigt sich mit der Bibel aus der Perspektive des jüdischen Rechts; letztere repräsentiert den nichtgesetzlichen Zweig der rabbinischen Literatur. Die Aggada geht in erster Linie auf das Palästinensische Judentum aus der Zeit des Zweiten Tempels bis zum Ende der Talmudischen Periode zurück, zeigt aber auch weiterführende Ausläufer in der mittelalterlichen und neuzeitlichen Literatur, wie z. B. in der Kabbala oder dem Chasidismus. Die Formen der Aggadot (pl. von Aggada) sind vielfältig: Parabeln, Legenden, Lehrmeinungen, Ermahnungen zur ethischen Handlungsweise und gutem Benehmen, Fabeln, Gedichte, Gebete, beißende Satiren oder erbitterte Polemiken, um nur einige Beispiele zu nennen.

2.3 Ungewöhnliche Buchstaben und Krönchen

Aus ähnlichem Grund wird das *jud* im ersten Wort des Verses: *Ich bin zu gering* [קטנתי] *aller Barmherzigkeit und aller Treue, die du an deinem Knechte getan hast* (Gen 32,11) von den Schreibern gekrümmt (Abb. 27). Jakob, der sich gerade für die Begegnung mit Esau rüstet, ist verzagt und fragt sich, ob er eines weiteren göttlichen Beistands würdig sei. Jakob ben Ascher legt Jakob den Satz in den Mund: »Obwohl ich mit zehn Segnungen gesegnet wurde, fürchte ich mich und habe Angst wegen meiner Vergehen.« Das gekrümmte *jud* birgt dementsprechend einen Subtext in sich, der aus der Form des Buchstaben abgeleitet werden kann. Für den Exegeten schwingt in der ohnehin kleinen Gestalt des gekrümmten *jud* generell eine gesteigerte Form der Demut mit, die in der direkten Begegnung mit Gott ins Bewusstsein der biblischen Protagonisten dringt.[50]

Die besondere Krümmung eines Buchstabens kann allerdings auch eine Mahnung anzeigen, etwa wenn es zusammen mit dem traditionell negativ konnotierten פסל – [Götzen]bild – erscheint. Die kleine Krümmung am *pe* eines solchen Wortes (Abb. 28)

> lehrt dich, dass jemand, der Götzendienst praktiziert, die gesamte Tora, die mit den Küssen seines – des Heiligen, gesegnet sei Er – Mundes gegeben ward, ablehnt.[51]

Neben der Form spielt der Zahlenwert des geschmückten Buchstabens oder die Anzahl der *tagin* eine entscheidende Rolle in der Hermeneutik Jakob ben Aschers. Ein ausnahmsweise gekröntes *mem* (Abb. 29) verwandelt sich in den Augen des Schriftauslegers aufgrund seines Zahlenwertes in einen Hinweis auf die vierzig Tage, in denen Moses die Tora empfing. Das gezeichnete *mem* korrespondiere außerdem zu den vierzig Tagen, in denen ein Mensch seiner Seele eine feste Form gibt.[52] Die neun *tagin* auf einem *tet* (Abb. 30) beschreiben die neun Monate eines Embryos im Bauch seiner Mutter, aber auch die neun Umstände der Empfängnis, wie sie sich die Rabbinen im Talmud vorstellten.[53] Die *tagin* auf einem *samech* (Zahlenwert: 60) können an das Alter des Isaak bei der Zeugung seines Sohnes Esau erinnern, (Abb. 31) der aus diesem Grund zur Zerstörung des Tempels – mit dessen sechzig Ellen – bestimmt gewesen sei.[54] Die sieben *tagin* auf einem *šin* (Abb. 32) erinnern an unterschiedliche Spielarten des Bösen, die Jakob ben Ascher in Siebener-Gruppen aufzuzählen weiß.[55] Die drei *tagin* auf dem *qof* [Zahlenwert: 100] (Abb. 33) von הבקר – *das Kalb* – aus dem Vers *Er aber lief zum Stall und holte ein zartes,*

---

50 Vgl. auch JAKOB BEN ASCHER: Peruš baʻal ha-turim ʻal ha-torah, Kommentar zu Deut 3,25 und Num 25,11.
51 BEN ASCHER (s. Anm. 50): zu Lev 25,26.
52 BEN ASCHER (s. Anm. 50): zu Deut 8,5.
53 BEN ASCHER (s. Anm. 50): zu Deut 5,16.
54 BEN ASCHER (s. Anm. 50): zu Deut 2,3.
55 BEN ASCHER (s. Anm. 50): zu Ex 20,7.

2. Die Magdeburger Torarolle Cod. Guelf. 148 Noviss. 2°

Abb. 26: »Immadi – und du stehst hier bei mir« – mit einem dreifach gekrönten »'ajin«, HAB: Cod. Guelf. 148 Noviss. 2°, Bl. 84

Abb. 27: »Katonti – ich bin gering« – mit einem gekrümmten »jud« am Ende des Wortes, HAB: Cod. Guelf. 148 Noviss. 2°, Bl. 15

Abb. 28: »Pesel – Götzenbild« – mit einem gewickelten »pe«, HAB: Cod. Guelf. 148 Noviss. 2°, Bl. 84

Abb. 29: Zweifach gekröntes »mem« am Anfang des Wortes, HAB: Cod. Guelf. 148 Noviss. 2°, Bl. 1

Abb. 30: Zwei ausnahmsweise mit fünf Strichen gekrönte »ṭet«, HAB: Cod. Guelf. 148 Noviss. 2°, Bl. 84

Abb. 31: Ein »samech« mit zwei Krönchen, HAB: Cod. Guelf. 148 Noviss. 2°, Bl. 1

Abb. 32: Sieben Krönchen auf einem »šin«, HAB: Cod. Guelf. 148 Noviss. 2°, Bl. 1

Abb. 33: »qof« mit zwei »tagin«, HAB: Cod. Guelf. 148 Noviss. 2°, Bl. 84

Abb. 34 a: Der Buchstabe »he« mit vier »tagin«, HAB: Cod. Guelf. 148 Noviss. 2°, Bl. 19

Abb. 34 b: Der Buchstabe »zade« mit fünf »tagin«, HAB: Cod. Guelf. 148 Noviss. 2°, Bl. 90

Abb. 35 a: Schwach dekoriertes »wajiškaḥehu – und er vergaß ihn« – in: HAB: Cod. Guelf. 148 Noviss. 2°, Bl. 19

Abb. 35 b: Stärker dekoriertes »wajiškaḥehu – und er vergaß ihn« – in: SBB: Ms. or. fol. 1215

2.3 Ungewöhnliche Buchstaben und Krönchen

gutes Kalb und gab's dem Knechte; der eilte und bereitete es zu, veranlassen Jakob ben Ascher zu der bereits im Talmud geäußerten Annahme, dass Abraham drei Kälber statt eines einzigen Kalbs aus dem Stall führte und dass er erst mit einhundert Jahren Vater wurde.[56] Ein gekröntes *he* [Zahlenwert: 5] (Abb. 34a–b) repräsentiert wahlweise die fünf Bücher Mose[57], die fünf Arten des Altaropfers[58] oder die fünf Dinge die ein Sohn von seinem Vater erhalten kann[59] – um nur einige wenige Beispiele zu nennen.

Auch der aschkenasische Gelehrte Rabbenu Joel aus dem 12. Jahrhundert nutzte die *tagin* und Sonderzeichen, um seine am klassischen rabbinischen Midrasch orientierte Bibelauslegung zu untermauern. Die außergewöhnlichen Buchstabenkrönchen ziehen seine besondere Aufmerksamkeit auf sich, »da jedem Wort oder jedem Buchstaben, das bzw. der gekrönt und mit *tagin* versehen ist, eine [besondere] Würde zukommt«[60]. So sei es beispielsweise kein Zufall, dass das Wort וישכחהו – *und er vergaß ihn* – (Abb. 35a–b) aus der berühmten Geschichte um Josef, der im Verlies des Pharaos als Traumdeuter in Erscheinung tritt, mit Krönchen versehen ist. Josef deutet die Träume eines ebenfalls gefangen gehaltenen Mundschenks und eines Bäckers mit der Bitte, den Pharao an ihn zu erinnern. Der Bäcker wurde, wie Josef aus dessen Traum voraussagte, gehängt. Doch der Mundschenk durfte sein altes Amt wieder übernehmen – und vergaß darüber Josef und sein Versprechen, dem Pharao das unglückliche Schicksal Josefs vor Augen zu führen. Rabbenu Joel ist nun davon überzeugt, dass die *tagin* auf dem *he* des Wortes *wajiškaḥehu* bedeuten, »dass er nicht vergaß außer durch einen Engel. Denn der Engel löste die Knoten, die der Mundschenk seiner Ausrüstung band, um zu erinnern, doch der Engel ließ ihn vergessen«. Es war Josef von Gott beschieden, noch zwei weitere Jahre im Verlies zu verbringen, so Joel, um dann seine Berufung als Traumdeuter des Pharao – den erst zwei Jahre nach der Entlassung des Mundschenks seltsame Träume ankamen – zu verwirklichen.

Rabbenu Joel interpretiert auch außerordentliche Verzierungen bestimmter Buchstaben, etwa den Schnörkel des *lamed* im Wort וילבש – *und er kleidete* – in Genesis 41,42 (Abb. 36a–b). Das *lamed* sei wegen seines Zahlenwertes [dreißig] durch einen Kringel ausgezeichnet, da es in Genesis 41,46 heißt, dass Josef dreißig Jahre alt war, als der Pharao ihn rief, um seine Träume zu deuten. Die außergewöhnliche Schreibweise der beiden *pe* in den Wörtern צפנת פענח – *geheimer Rat* – in einem der folgenden Verse (Gen 41,45)

---

56 BEN ASCHER (s. Anm. 50): zu Gen 18,7.
57 BEN ASCHER (s. Anm. 50): zu Ex 4,12; Ex 13,11.
58 BEN ASCHER (s. Anm. 50): zu Num 28,3.
59 BEN ASCHER (s. Anm. 50): zu Num 11,12.
60 RABBENU JOEL: *Sefer ha-remazim le-Rabbenu Yo'el*, hrsg. von JOEL BEN ABRAHAM KLUGMAN, Bnei Berak 2001: zu Gen 31,19.

Abb. 36 a: Undekoriertes »wajelbeš – und er kleidete« – in: HAB: Cod. Guelf. 148 Noviss. 2°, Bl. 19

Abb. 36 b: Dekoriertes »wajelbeš – und er kleidete« – in: SBB, Ms. or. fol. 1215

Abb. 37 a: Das Wort »zafnat« – geheimer – mit einem dreifach gekrönten »pe« in: HAB: Cod. Guelf. 148 Noviss. 2°, Bl. 20

Abb. 37 b: Das Wort »paneaḥ« – Rat – mit einem gewickelten »pe« in: HAB: Cod. Guelf. 148 Noviss. 2°, Bl. 20

(Abb. 37 a – b) versinnbildlichen dem Exegeten nach das »Geheimnisvolle, Verborgene und Verschlungene«, das mit der Geschichte Josefs einhergehe.

Die Magdeburger Torarolle – das konnte an der exemplarischen Darstellung der Exegese zur Josefsgeschichte gut nachvollzogen werden – ist mit ihren zahlreichen Krönchen, Schnörkeln und Sonderzeichen ein eindrucksvolles Zeugnis der Sehnsucht des mittelalterlichen aschkenasischen Judentums nach einer exklusiven Verbindung zur Vergangenheit. Gerade in Zeiten äußerer Bedrängnis scheint das Bedürfnis nach einem von der Umweltkultur abgegrenzten Erinnerungsraum groß gewesen zu sein. Die Schrift wird hier einmal mehr zur Trägerin dieses kollektiven Gedächtnisses.

3. Die Torarolle Cod. Guelf. 149 Noviss. 2°

3.1 Die materialen Eigenschaften der Rolle

Die zweite große und vollständig erhaltene Torarolle ist wie die Magdeburger Rolle schon längere Zeit Teil der Herzog August Bibliothek. Erstmals wird sie im Katalog von Liborius Otho als »Pentateuchus Ebraeus absque punctis manuscriptus in volumine« erwähnt, doch über welche Wege sie in die Sammlung gelangte, ist nicht bekannt. Sicherlich konnte allein die ungewöhnliche Größe der Handschrift das Interesse des Sammlers oder der Sammlerin wecken. Die Rolle besteht aus 46 Blättern Pergament (80 cm hoch und 60 cm breit), die von zwei unterschiedlichen Händen in verschiedenen Zeiten und Regionen beschrieben wurden. Der ältere Teil mit den Textabschnitten Genesis 1,1 – Leviticus 22,4 und Numeri 31,50 bis zum Ende der Mosesbücher (Deuteronomium 34,12) ist von einer sefardischen Quadratschrift des 15./16. Jahrhunderts geprägt (Abb. 38), während die zehn Blätter 27–36 mit dem Textabschnitt Leviticus 22,5 – Numeri 31,50 von einer späteren, aschkenasischen Hand des 17./18. Jahrhunderts geschrieben wurden (Abb. 39). Der israelische Kunsthistoriker Bezalel Narkiss, der die Rolle vor einiger Zeit eingesehen hat, zeigt sich in einer Mitteilung vom 12.1.1984 davon überzeugt, dass der dritte Abschnitt von einer zweiten aschkenasischen Hand aus dem 16. Jahrhundert geschrieben wurde, doch ein direkter Vergleich des Schriftbildes der beiden Abschnitte muss zu der Überzeugung führen, dass es sich um ein und dieselbe Hand handelt (Abb. 40a–b). Das weiche, runde und breite Schriftbild mit der ins Bräunlich neigenden Tinte, die Linienziehung und die spezielle Ausführung einiger Buchstaben, wie etwa das unter die Schriftlinie gezogene *gimmel*, das runde *peh*, das etwas nach rechts neigende Bein des *qof* oder das *'alef*, dessen linker Fuß am linken oberen Ende der Diagonale ansetzt, deuten klar auf die sefardische Hand *eines* Schreibers hin.

Ein weiterer Schreiber – vielleicht der Schreiber des zweiten Abschnitts – hat zahlreiche verblasste Textpassagen mit einer wesentlich dunkleren Tinte überschrieben (Abb. 41). Wann und unter welchen Umständen die zehn Blätter des mittleren Abschnitts ausgetauscht wurden, ist leider nicht überliefert. Die Tatsache, dass jede dritte Kolumne des ersten und dritten Teils unten links mit einer Nummerierung durch arabische Ziffern (Abb. 42) versehen ist – der dritte Teil beginnt wieder mit eins –, spricht für die Annahme, dass diese Rolle während ihrer Zeit in der Herzog August Bibliothek oder vor 1913 in Helmstedt restauriert wurde. Es ist sehr gut möglich, dass bei der Ersetzung der beschädigten Blätter auch die anderen Blätter neu vernäht wurden und die Ziffern der Orientierung für den nichtjüdischen Restaurator dienten.

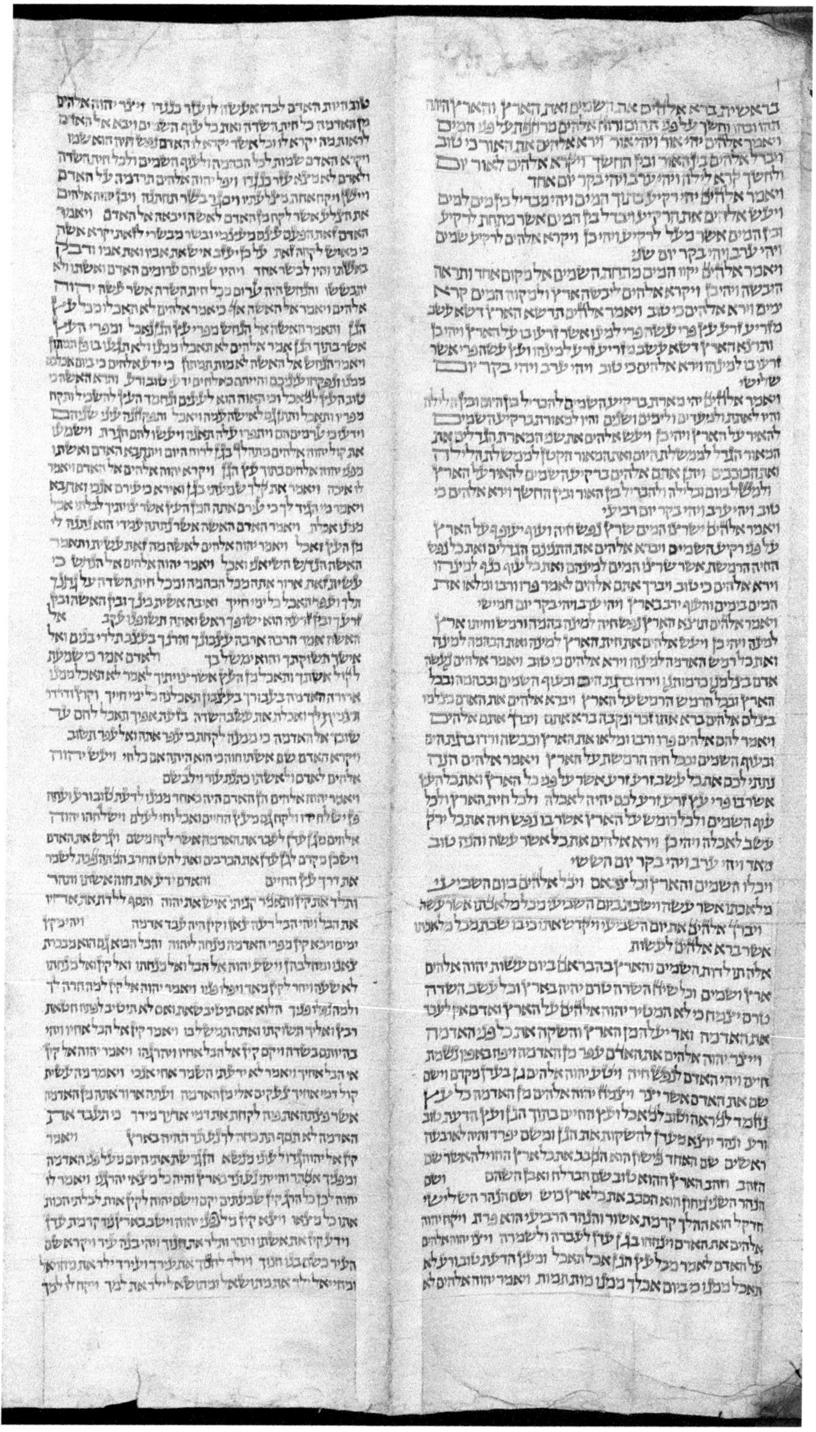

Abb. 38: Ältere sefardische Hand in: HAB: Cod. Guelf. 149 Noviss. 2°, Bl. 1/Image 1

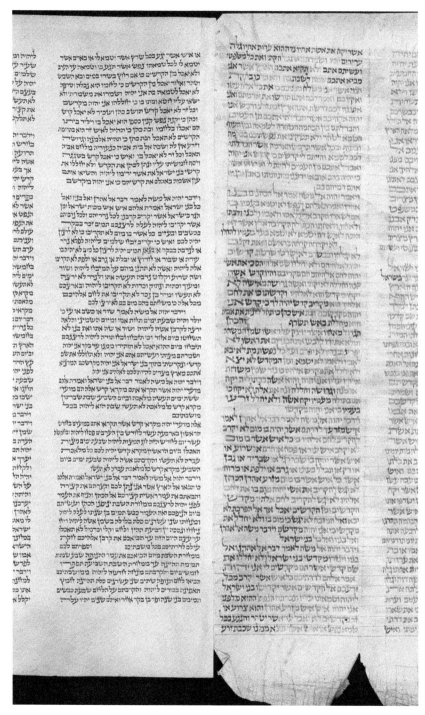

Abb. 39: Jüngere aschkenasische Hand im direkten Vergleich neben der sefardischen Hand, HAB: Cod. Guelf. 149 Noviss. 2°, Bl. 27/Image 47

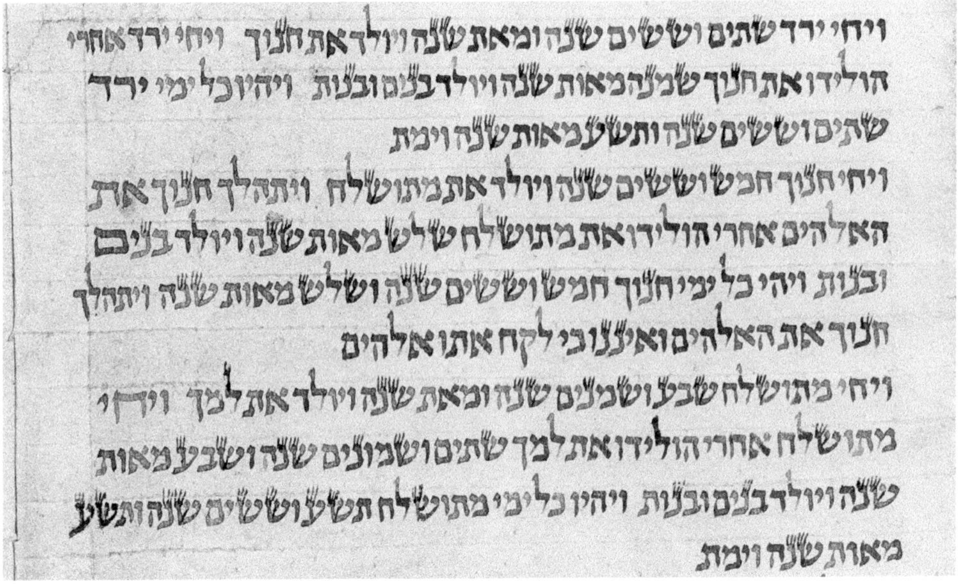

3. Die Torarolle Cod. Guelf. 149 Noviss. 2°

ויהי ירד שתים וששים שנה ומאת שנה ויולד את חנוך ויחי ירד אחרי
הולידו את חנוך שמנה מאות שנה ויולד בנים ובנות ויהיו כל ימי ירד
שתים וששים שנה ותשע מאות שנה וימת
ויחי חנוך חמש וששים שנה ויולד את מתושלח ויתהלך חנוך את
האלהים אחרי הולידו את מתושלח שלש מאות שנה ויולד בנים
ובנות ויהי כל ימי חנוך חמש וששים שנה ושלש מאות שנה ויתהלך
חנוך את האלהים ואיננו כי לקח אתו אלהים
ויחי מתושלח שבע ושמנים שנה ומאת שנה ויולד את למך ויחי
מתושלח אחרי הולידו את למך שתים ושמונים שנה ושבע מאות
שנה ויולד בנים ובנות ויהיו כל ימי מתושלח תשע וששים שנה ותשע
מאות שנה וימת

Abb. 40 a: Sefardische Hand aus dem ersten Abschnitt von HAB: Cod. Guelf. 149 Noviss. 2°, Bl. 1/Image 2

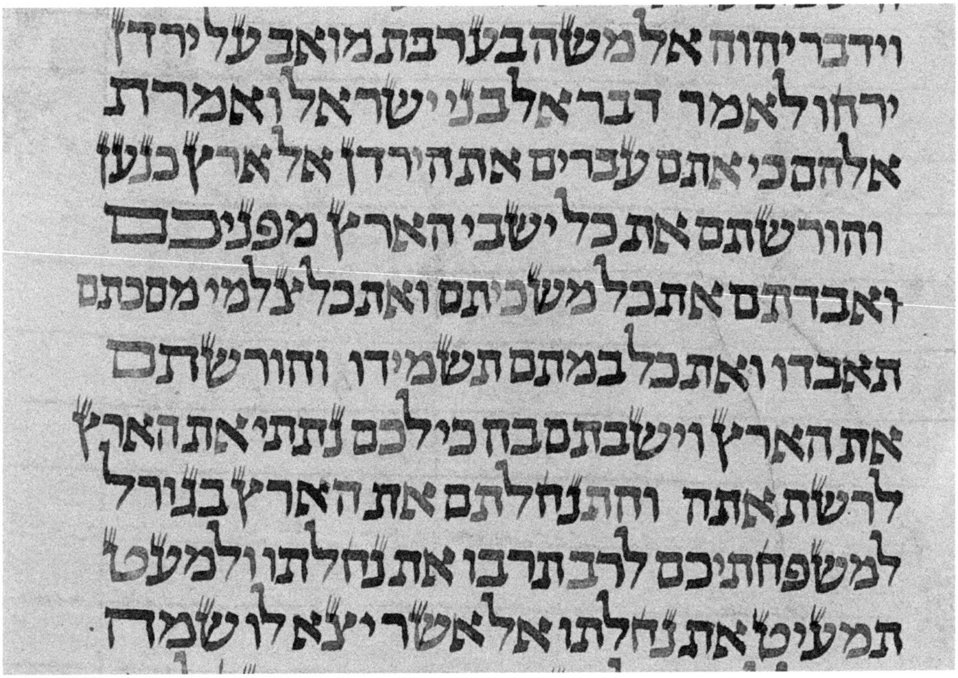

וידבר יהוה אל משה בערבת מואב על ירדן
ירחו לאמר דבר אל בני ישראל ואמרת
אלהם כי אתם עברים את הירדן אל ארץ כנען
והורשתם את כל ישבי הארץ מפניכם
ואבדתם את כל משכיתם ואת כל צלמי מסכתם
תאבדו ואת כל במתם תשמידו והורשתם
את הארץ וישבתם בה כי לכם נתתי את הארץ
לרשת אתה והתנחלתם את הארץ בגורל
למשפחתיכם לרב תרבו את נחלתו ולמעט
תמעיט את נחלתו אל אשר יצא לו שמה

Abb. 40 b: Sefardische Hand aus dem dritten Abschnitt von HAB: Cod. Guelf. 149 Noviss. 2°, Bl. 37/Image 64

3.1 Die materialen Eigenschaften der Rolle

![Abb. 41]

Abb. 41: Stark überschriebene Passage in: HAB: Cod. Guelf. 149 Noviss. 2°, Bl. 3/Image 6

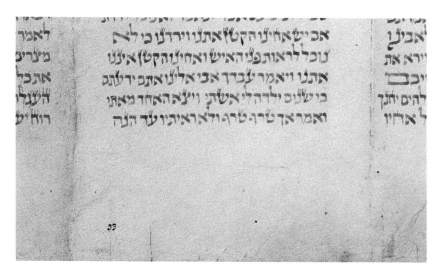

Abb. 42: Kennzeichnung der 33. Kolumne in: HAB: Cod. Guelf. 149 Noviss. 2°, Bl. 9/Image 17

Im Gegensatz zur Magdeburger Torarolle weist diese sefardische Rolle kaum Textvarianten zum Aleppo-Kodex auf und orientiert sich auch, was die Pausen (*petuchot, setumot*) betrifft, am Maimonidischen Ideal – was typisch für sefardische Torarollen aus dem 15./16. Jahrhundert ist. Das Meerlied (Abb. 43) ist in 30 poetischen Zeilen ohne einen Rahmen aus fünfzeiligen Prosaabschnitten geschrieben. Wie bei der Magdeburger Rolle sind die letzten beiden Zeilen nicht im poetischen Layout von zwei- und dreiteiligen Abschnitten, sondern durchgehend dargestellt. Auch die trennende Leerzeile am Abschluss des Liedes hat sie mit der Magdeburger Rolle gemein, insofern schwankt das Layout, was die Lieder betrifft, zwischen sefardischer und aschkenasischer Schrifttradition. Das Moseslied (Abb. 44a–b) entspricht mit seinen 70 poetischen Zeilen den Vorgaben des antiken kleinen Talmudtraktats *Massechet Soferim* und damit der üblichen Vorgehensweise im aschkenasischen und sefardischen Raum. Mit Blick auf die sechs festgelegten Kapitelanfänge ist schließlich festzustellen, dass sich der Schreiber dieser Rolle nicht die Mühe machte, sein Layout auf diese Bibelstellen hin auszurichten.

Die Rolle kann mit der großen Anzahl von ungewöhnlichen Buchstaben und Krönchen innerhalb der Magdeburger Torarolle nicht mithalten, steht ihr an Formenvielfalt bezüglich der Buchstabenverzierung jedoch in nichts nach. Neben der üblichen Auszeichnung der sieben Buchstaben *ʿajin, ṭet, nun, zajin, gimmel, ṣade* und *šin* finden sich beispielsweise ausnahmsweise gekrönte *mem* (Abb. 45), *qof* (Abb. 46), *samech* (Abb. 47), *ḥet* (Abb. 48), *kaf* (Abb. 49), *pe* (Abb. 50), *he* (Abb. 51) und *dalet* (Abb. 52). Es gibt Schnörkel am *nun* (Abb. 53), *ʿajin* (Abb. 54), *zajin* (Abb. 55), *ḥet* (Abb. 56) und *lamed* (Abb. 57) sowie mit außergewöhnlich vielen Krönchen versehene Buchstaben, wie beispielsweise das *šin* (Abb. 58).

3.2 Die symbolische Bedeutung des gewickelten *pe*

Auch das gewickelte *pe* (Abb. 59) taucht immer wieder auf und verdient besondere Beachtung. Der bereits zitierte deutsch-spanische Exeget Jakob ben Ascher widmete dem verdoppelten bzw. gewickelten *pe* wie viele andere jüdische Exegeten große Aufmerksamkeit. Anstelle der gewöhnlichen Gestalt, die sich aus einem *kaf* und einem vom Dach des *kaf* herabhängenden *jud* zusammensetzt, enthält das gewickelte *pe* ein in sich gerolltes *jud*, das je nach Schreibtradition auch ein kleines *pe* innerhalb des *pe* abbilden kann. Der *Sefer ha-tagin* – *Das Buch der Krönchen* – bemerkt in Anspielung auf die Aussprache des Buchstabennamens פא wie פה – »Mund« –, dass es »191 [gewickelte *pe*] in der Tora gäbe, deren Münder [*peh*] innerhalb seien«. Jakob ben Ascher spielt mit diesem Bild des in sich wiederholten *pe*, etwa wenn er die biblische Geschichte um Moses und Aaron ausdeutet, die das Volk Israel vor

3.2 Die symbolische Bedeutung des gewickelten *pe*

אז ישיר משה ובני ישראל את השירה הזאת ליהוה ויאמרו לאמר אשירה ליהוה כי גאה גאה סוס ורכבו רמה בים עזי וזמרת יה ויהי לי לישועה זה אלי ואנוהו אלהי אבי וארממנהו יהוה איש מלחמה יהוה שמו מרכבת פרעה וחילו ירה בים ומבחר שלשיו טבעו בים סוף תהמת יכסימו ירדו במצולות כמו אבן ימינך יהוה נאדרי בכח ימינך יהוה תרעץ אויב וברב גאונך תהרס קמיך תשלח חרנך יאכלמו כקש וברוח אפיך נערמו מים נצבו כמו נד נזלים קפאו תהמת בלב ים אמר אויב ארדף אשיג אחלק שלל תמלאמו נפשי אריק חרבי תורישמו ידי נשפת ברוחך כסמו ים צללו כעופרת במים אדירים מי כמכה באלם יהוה מי כמכה נאדר בקדש נורא תהלת עשה פלא נטית ימינך תבלעמו ארץ נחית בחסדך עם זו גאלת נהלת בעזך אל נוה קדשך שמעו עמים ירגזון חיל אחז ישבי פלשת אז נבהלו אלופי אדום אילי מואב יאחזמו רעד נמגו כל ישבי כנען תפל עליהם אימתה ופחד בגדל זרועך ידמו כאבן עד יעבר עמך יהוה עד יעבר עם זו קנית תבאמו ותטעמו בהר נחלתך מכון לשבתך פעלת יהוה מקדש אדני כוננו ידיך יהוה ימלך לעלם ועד כי
באו סוס פרעה ברכבו ובפרשיו בים וישב יהוה עלהם את מי הים ובני ישראל הלכו ביבשה בתוך הים
ותקח מרים הנביאה אחות אהרן את התף בידה ותצאן כל הנשים אחריה בתפים ובמחלת ותען להם מרים שירו ליהוה כי גאה גאה סוס ורכבו רמה בים
ויסע משה את ישראל מים סוף ויצאו אל מדבר שור וילכו שלשת ימים במדבר ולא מצאו מים ויבאו מרתה ולא יכלו לשתת מים ממרה כי מרים הם על כן קרא שמה מרה וילנו העם על משה לאמר

Abb. 43: Das Meerlied, HAB: Cod. Guelf. 149 Noviss. 2°, Bl. 14/Image 26

3. Die Torarolle Cod. Guelf. 149 Noviss. 2°

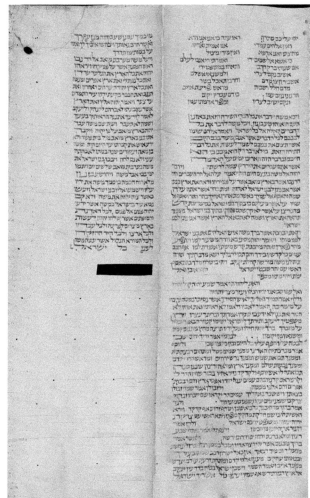

Abb. 44 a – b: Das Moseslied, HAB: Cod. Guelf. 149 Noviss. 2°, Bl. 46/Image 77/78

Abb. 45: Der zweite Buchstabe von rechts ist ein gekröntes »mem«, HAB: Cod. Guelf. 149 Noviss. 2°

Abb. 46: Der zweite Buchstabe von rechts ist ein gekröntes »qof«, HAB: Cod. Guelf. 149 Noviss. 2°

Abb. 47: Gekröntes »samech«, HAB: Cod. Guelf. 149 Noviss. 2°

3.2 Die symbolische Bedeutung des gewickelten *pe*

Abb. 48: Gekröntes »ḥet«,
HAB: Cod. Guelf. 149 Noviss. 2°

Abb. 49: Der erste Buchstabe von links ist ein gekröntes »kaf«,
HAB: Cod. Guelf. 149 Noviss. 2°

Abb. 50: Der zweite Buchstabe von links ist ein gekröntes »pe«,
HAB: Cod. Guelf. 149 Noviss. 2°

Abb. 51: Der mittlere Buchstabe ist ein gekröntes »he«,
HAB: Cod. Guelf. 149 Noviss. 2°

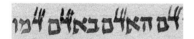
Abb. 52: Vier gekrönte »dalet«,
HAB: Cod. Guelf. 149 Noviss. 2°

Abb. 53: Gekröntes »nun«,
HAB: Cod. Guelf. 149 Noviss. 2°

Abb. 54: Der erste Buchstabe ist ein gekröntes »'ajin«,
HAB: Cod. Guelf. 149 Noviss. 2°

Abb. 55: Gekröntes »zajin«,
HAB: Cod. Guelf. 149 Noviss. 2°

Abb. 56: Gekröntes »ḥet«,
HAB: Cod. Guelf. 149 Noviss. 2°

Abb. 57: Gekröntes »lamed«,
HAB: Cod. Guelf. 149 Noviss. 2°

Abb. 58: Gekröntes »šin«,
HAB: Cod. Guelf. 149 Noviss. 2°

Abb. 59: Der erste Buchstabe von rechts ist ein gewickeltes »pe«, HAB: Cod. Guelf. 149 Noviss. 2°, Bl. 1

Abb. 60: »Penu - wendet« - mit gewickeltem »pe« am Anfang, HAB: Cod. Guelf. 149 Noviss. 2°, Bl. 38/Image 64

Abb. 61: »At pnei Adonai - vor das Angesicht Gottes« - mit mehrfach gekröntem »pe«, HAB: Cod. Guelf. 149 Noviss. 2°, Bl. 42/Image 71

Abb. 62: »Fatoaḥ tiftaḥ - öffne doch!« - mit zwei gewickelten »pe«, HAB: Cod. Guelf. 149 Noviss. 2°, Bl. 42/Image 71

einem Stein versammelten, um sich durch das berühmte Wunder der Wasserspende der Treue des Volkes Israel zu versichern [Num 20,10]. Der »Buchstabe pe des Wortes פני - im Angesicht - ist verdoppelt«, bemerkt Jakob ben Ascher und erklärt:

> Das lehrt, dass ganz Israel im Angesicht des Steines von Angesicht zu Angesicht [zusammenstand]. Es war ein kleiner Platz, der eine große Menschenmenge fasste.

Das verdoppelte *pe* im Wort »im Angesicht« bezeugt das wundersame Geschehen dementsprechend auf zweifache Weise. Zum einen weist seine Gestalt auf eine spiegelbildhafte Situation hin, da das Geschehen von *Angesicht zu Angesicht* betrachtet werden konnte. Zum anderen ist die Wickelung des *pe* nach Jakob ben Ascher aber auch ein Fingerzeig Gottes, der seine Immanenz bei diesem Geschehen in der Schrift zum Ausdruck brachte. Die unwahrscheinlich wirkende biblische Begebenheit, dass ein ganzes Volk vor einem Stein stehen und jeder einzelne von ihnen das Geschehen verfolgen konnte, ist ebenso an ein Wunder geknüpft wie das *pe*, das an dieser Stelle seine normale Gestalt abgelegt hat.

Jakob ben Ascher zufolge zeigt das gewickelte *pe* auch in Deuteronomium 1,7, (Abb. 60) wo sich das Volk Israel dem gelobten Land zuwenden [פנו] soll, die Präsenz Gottes an. Er schlägt dem Leser seines Kommentars zwei optionale Lesarten vor:

> Das *pe* [dieses Wortes] ist verdoppelt, [denn] sie sollten sich von allen bösen Taten abwenden. Oder auch: An allen Orten, denen sie sich zuwenden, ist die Wolke [der Glorie] mit ihnen.

3.2 Die symbolische Bedeutung des gewickelten *pe*

Das gewickelte *pe* fungiert hier als moralisches Ausrufezeichen, das von Sünden weg zur frommen Tat hinleiten soll, während es in Deuteronomium 5,4 allein das Wunder der direkten Gottesrede *von Angesicht zu Angesicht* durch »das leuchtende und freundliche Angesicht« Gottes anzeigt. Ganz ähnlich stellt es sich im Zusammenhang mit der heiligen Zeit der Feste dar. In Deuteronomium 16,1–17 sind verschiedene Höhepunkte des liturgischen Jahres behandelt. In Vers 16 heißt es: *Dreimal des Jahres soll alles, was männlich ist unter dir, vor das Angesicht Gottes, deines Herrn erscheinen, an der Stätte, die Gott, dein Herr dir geben wird: auf das Fest der ungesäuerten Brote, das Wochenfest und das Laubhüttenfest.* Das Wort *Angesicht* in der biblischen Wendung את פני יהוה – *vor das Angesicht Gottes* – ist mit einem gewickelten bzw. im Fall der Wolfenbütteler Rolle mit einem gekrönten *pe* ausgezeichnet (Abb. 61), woraus Jakob ben Ascher folgert:

> Das bedeutet, dass [an den Pilgerfesten Israel Gott] von Angesicht zu Angesicht [gegenüberstand], als ob Er [zum Tempel] kam, um [die Pilger] zu sehen und auch um [von ihnen] gesehen zu werden.

Auch hier zeigt das gewickelte *pe* die besonders innige Beziehung von Gott und Israel, in diesem Fall während der Feste, an.

Das labyrinthartig in sich zurückgezogene *pe* ist für Jakob ben Ascher aber auch ein Hinweis dafür, dass in dem solchermaßen gezeichneten Bibelvers eine innere Wahrheit verborgen liegt, beispielsweise in Deuteronomium 6,25, wo es heißt: *Und es wird uns eine Wohltat sein, wenn wir halten und tun dieses gesamte Gesetz vor Gott unserem Herrn, das Er uns geboten hat.* In diesem Vers ist das Wort לפני יהוה – *vor Gott* – von gekringelter Gestalt und der Exeget führt dazu aus:

> Das lehrt, dass die Gesetze kommen und vor Gott bezeugen. Darüberhinaus ist das *pe* von *lifnei* doppelt, sagend, dass [die Gesetze] in das Innerste [Gottes] hineinführen.

Hier stellt sich das *pe* als Wegweiser in den göttlichen Raum dar.

Als letztes Beispiel für Jakob ben Aschers Vorliebe für das gewickelte *pe* sei seine Interpretation zu Deuteronomium 15,8 angeführt. Dort heißt es mit dem vorangehenden Vers 7: *Wenn deiner Brüder irgend einer arm ist in irgend einer Stadt in deinem Lande, das Gott, dein Herr, dir geben wird, so sollst du dein Herz nicht verhärten noch deine Hand zuhalten gegen deinen armen Bruder, sondern sollst sie ihm **öffnen** und ihm leihen, nach dem er Mangel hat.* Jakob widmet sich dem Vers 7, wo die Aufforderung, dem Armen die Hand zu öffnen, mit einer *figura etymologica*, d.h. der Verwendung des Infinitiv absolutus vor einer Verbform derselben Wurzel – פתח תפתח – »öffne doch!« unterstrichen wird. Das *pe* des Infinitiv absolutus *patoaḥ* ist gewickelt (Abb. 62).

פתח. Doppeltes pe, sagend: Öffne ihm deine Hand und deinen Mund, um ihn [den Schuldner] mit Worten zu beruhigen.

Oder auch: Demjenigen, der einen Brotkrumen verdient, gib einen Brotkrumen; demjenigen, der Spezereien verdient, gib Spezereien. Stelle ihn mit allen Arten des Öffnens zufrieden.

Oder auch: פתח תפתח. Wenn [der Arme] sich schämt [ein Geschenk anzunehmen], bringe es vor seine Tür [לפתחו].

Oder auch: פתח תפתח. Verdopple die Sache. [...] Das bedeutet, dass es kein Maß beim Schenken gibt, vielmehr sollst du geben, zurückkehren und wieder geben.

Das »doppelte« *pe* steht hier ganz im Zeichen einer rabbinischen Ethik, die Großzügigkeit gegenüber den weniger Glücklichen einfordert.

Die Beispiele für die Einbindung der besonders geschriebenen Buchstaben in die jüdische Schriftauslegung sind vielfältig. Es sei an dieser Stelle nur nebenbei bemerkt, dass im sefardischen Kulturraum, wo die Wolfenbütteler Torarolle Cod. Guelf. 149 Noviss. 2° hergestellt wurde, diesen Sonderformen der Buchstaben auch in frühen kabbalistischen Kreisen eine große Bedeutung beigemessen wurde.

4. Die Torarollenfragmente

4.1 Das Torarollenfragment Genesis 1,1–7,2 (Cod. Guelf. 187 Noviss. 2°)

Die beiden Torarollenfragmente mit Genesis 1,1–7,2 und Numeri 3,16–6,3 sowie die in den Kapiteln 5 und 6 beschriebenen *Megillot* waren bis Mai 2020 in keinem der Kataloge der Herzog August Bibliothek verzeichnet. Erst 2020 wurden sie aus Anlass der hier vorgelegten Forschungen inventarisiert und erhielten Handschriftensignaturen. Besitzstempel belegen, dass vier dieser Manuskripte aus dem Besitz der 1928 geschlossenen Wolfenbütteler Samson-Schule stammen (Cod. Guelf. 190 bis 193 Noviss. 2°). Drei Stücke, die Torarollenfragmente und das Ester-Fragment, gehörten möglicherweise der jüdischen Gemeinde Wolfenbüttels, deren Synagoge in unmittelbarer Nachbarschaft zur Bibliothek 1938 zerstört und deren letzte Mitglieder 1943 von den Nazis verschleppt wurden. Sie wurden unter dem Datum 1.11.1939 mit den Nummern 1939/643 bis 645 ins Akzessionsbuch der Herzog August Bibliothek (BA I, 1109) eingetragen und dort als Geschenk der Gauleitung bezeichnet (Cod. Guelf. 187 bis 189 Noviss. 2°).

Das erste hier zu beschreibende Torarollenfragment (Abb. 63) besteht aus einem Blatt (71 cm hoch und 85 cm breit, Schriftspiegel 61 cm hoch und 73 cm breit), auf dem der Text Genesis 1,1–7,2 לך שבעה geschrieben ist. Das Pergament weist starke Abreibungsspuren auf, die auch die Schrift teilweise in Mitleidenschaft gezogen haben. Die Ränder sind vergilbt und durch diverse Verfärbungen und Flecken verschmutzt. In dem Wort ומתושאל – *und es zeugte* – aus Vers Genesis 4,18 ist – wahrscheinlich für eine Korrektur – anstelle des Buchstabens *alef* ein rechteckiges Stück des Pergaments herausgeschnitten. An der rechten Seite weist das Blatt neben größeren Löchern einen teilweise erhaltenen Pergamentriemen auf, der sicherlich der Befestigung der Rolle an einem Rollstab diente. Entlang des linken Randes sind noch Reste der Naht zu sehen.

Das Schriftbild des Blattes mit den vier Kolumnen à 60 Zeilen deutet auf eine aschkenasische Praxis des späten Mittelalters, die sich – wenn man das mit Blick auf diesen kurzen Textabschnitt überhaupt sagen kann – hinsichtlich der Gliederungen des Textes – der *petuchot* und *setumot* – an den Vorgaben des Maimonides orientiert. Es sind einige Buchstabenkrönchen zu sehen, die allerdings nicht so zahlreich wie in den beiden bereits beschriebenen vollständigen Torarollen der Herzog August Bibliothek aus dem Schriftbild hervorstechen. Dabei überwiegen die sehr kunstvoll ausgeführten *tagin* an den sieben im Talmud dafür vorgesehenen Buchstaben ʿ*ajin*, *ṭet*, *nun*, *zajin*, *gimmel*, *ṣade* und *šin* (Abb. 64). Außergewöhnliche Krönungen an anderen Buchstaben sind zaghaft als dünne Striche ausgeführt und entsprechen in

4. Die Torarollenfragmente

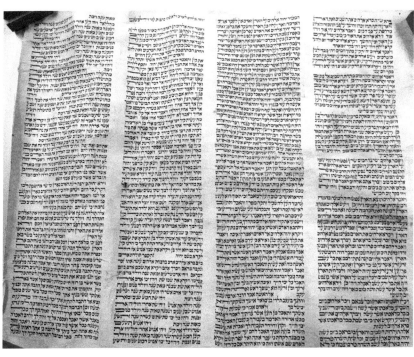

Abb. 63: Torarollenfragment Genesis 1,1 – 7,2, HAB: Cod. Guelf. 187 Noviss. 2°, Bl. 1

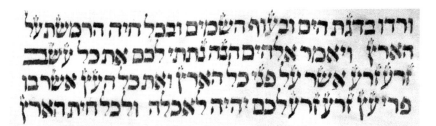

Abb. 64: Schriftbild des Torarollenfragments Genesis 1,1 – 7,2, HAB: Cod. Guelf. 187 Noviss. 2°, Bl. 1

Abb. 65 a: Der dritte Buchstabe von rechts ist ein gewickeltes »pe«, Torarollenfragment Genesis 1,1 – 7,2, HAB: Cod. Guelf. 187 Noviss. 2°, Bl. 1

Abb. 65 b: Ein ausnahmsweise gekröntes »quf« in der Mitte des Wortes links neben einem gewickelten »pe«, Torarollenfragment Genesis 1,1 – 7,2, HAB: Cod. Guelf. 187 Noviss. 2°, Bl. 1

Abb. 66 a: Ein »zain« mit Kringel und Krönchen, Torarollenfragment Genesis 1,1 – 7,2, HAB: Cod. Guelf. 187 Noviss. 2°, Bl. 1

Abb. 66 b: Ein »lamed« mit Fähnchen, Torarollenfragment Genesis 1,1 – 7,2, HAB: Cod. Guelf. 187 Noviss. 2°, Bl. 1

ihrer Anzahl bei weitem nicht mehr der Vorlage des *Sefer ha-tagin* und älterer Torarollen aus dem 13. oder 14. Jahrhundert. Bemerkenswert sind jedoch die ungewöhnlich vielen gewickelten *pe*, zum Beispiel in dem Wort פישון (Gen 2,11), אף (Gen 3,1), אפיך (Gen 3,19), ומפניך (Gen 4,12), לפצעי (Gen 4,13), פני (Gen 6,1) oder נפלים (Gen 6,3) (Abb. 65 a – b). Ebenso fallen die sehr filigran ausgeführten Verzierungen an den Buchstaben *lamed*, *ḥet*, *zajin* und *jud* auf (Abb. 66 a – b). Diese Handschrift mit einer professionell ausgeführten deutschen Quadratschrift kann ins 15. oder 16. Jahrhundert datiert werden.

Einem beigefügten, mit Schreibmaschine getippten Anschreiben an die Lessing-Bibliothek vom 1.11.1939 ist zu entnehmen, dass das Fragment an eben diesem Datum ins Akzessionsbuch aufgenommen wurde. Handschriftlich dazu notiert: 1939, 643.

4.2 Das Torarollenfragment Numeri 3,16 – 6,3 (Cod. Guelf. 188 Noviss. 2°)

Dieses Torarollenfragment (Abb. 67) besteht ebenfalls aus nur einem Blatt (72 cm hoch und 65 cm breit; Seitenspiegel: 61 cm hoch und 61 cm breit), auf dem der Text Numeri 3,16 – 6,3 וכל משרת in drei Kolumnen mit je 55 Zeilen zu lesen ist. Das Pergament weist starke Abreibungs- und Schmutzspuren auf, die die Schrift teilweise beeinträchtigen. Diverse Löcher und Risse sind von hinten mit Pergamentstreifen beklebt. An beiden Seiten sind Reste der Naht zu sehen. Das Schriftbild dieser Handschrift deutet auf eine aschkenasische Schreibpraxis des 16./17. Jahrhunderts hin. Text und Gliederung orientieren sich an den Vorgaben des Maimonides. Die sieben Buchstaben ʿajin, ṭet, nun, zajin, gimmel, ṣade und šin sind gekrönt und manchmal von einer zweiten Hand (mit Bleistift) mit kleinen Köpfen versehen (Abb. 68, S. 69).

Das beigefügte, mit Schreibmaschine getippte Anschreiben an die Lessing-Bibliothek vom 1.11.1939 bezieht sich auch auf dieses Fragment und

*Abb. 67: Zwei Kolumnen des Torarollenfragments Numeri 3,16–6,3,
HAB: Cod. Guelf. 188 Noviss. 2°, Bl. 1*

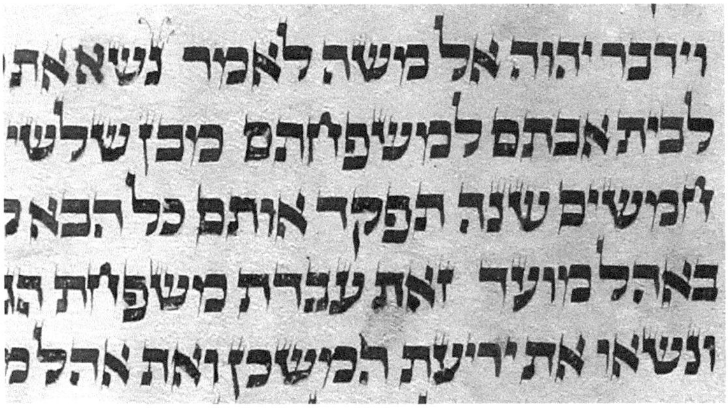

4.3 Die Fragmente Cod. Guelf. 159 Noviss. 2° und Cod. Guelf. 160 Noviss. 2°

*Abb. 68: Schriftbild des Torarollenfragments Numeri 3,16 – 6,3,
HAB: Cod. Guelf. 188 Noviss. 2°, Bl. 1*

erwähnt, dass es an eben diesem Datum ins Akzessionsbuch aufgenommen wurde. Handschriftlich dazu notiert: 1939, 644.

4.3 Die Fragmente Cod. Guelf. 159 Noviss. 2° und Cod. Guelf. 160 Noviss. 2°

Mit der Signatur Cod. Guelf. 159 Noviss. 2° und 160 Noviss. 2° sind zwei Torarollenfragmente (Abb. 69 a – b) im Katalog der Herzog August Bibliothek bezeichnet, die tatsächlich einer Torarolle entstammen. Sie wurden im Jahr 2004 aus Privatbesitz übernommen. Das Schriftbild (Abb. 70, S. 72) mit drei oder vier Kolumnen je Blatt und 43/44 Zeilen, die aschkenasische, sorgfältig und professionell ausgeführte Quadratschrift, die extravaganten Buchstabenkrönchen (Abb. 71, S. 72), der Zustand des Materials und schließlich das Format (41 cm Höhe) der beiden Fragmente weisen klar auf einen gemeinsamen Ursprung hin. Cod Guelf. 159 Noviss. 2° besteht aus 5 Blättern mit dem Text Numeri 24,25 – Deuteronomium 1,45 ותשבו, während Cod. Guelf. 160 Noviss. 2° nur 4 Blätter mit dem Text Deut 17,19 כל – 28,37 למשל aufweist. Das Pergament der Fragmente ist stark beschädigt und zeigt diverse Abnutzungs- und Schmutzspuren; die Ränder sind durch Mäusefraß geschädigt und die Naht löst sich teilweise auf. Auch diese Handschrift wurde wahrscheinlich im 17./18. Jahrhundert in Mitteleuropa geschrieben, als das Schriftbild einer Torarolle bereits stark standardisiert war.

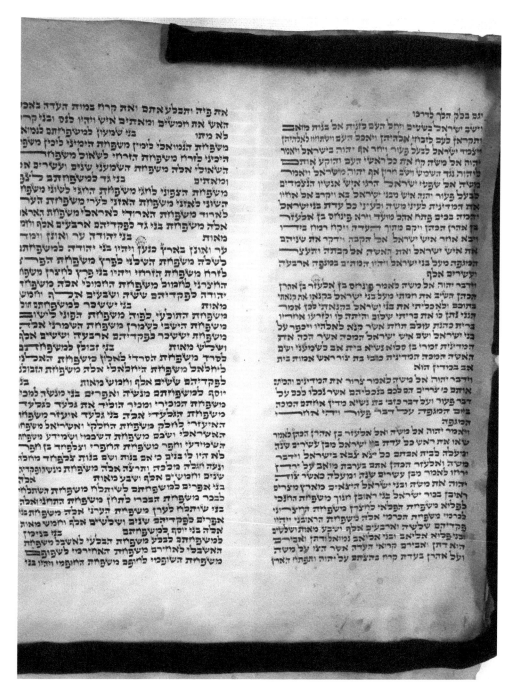

Abb. 69 a: Zwei Kolumnen der Rolle, HAB: Cod. Guelf. 159 Noviss. 2°

4.3 Die Fragmente Cod. Guelf. 159 Noviss. 2° und Cod. Guelf. 160 Noviss. 2°

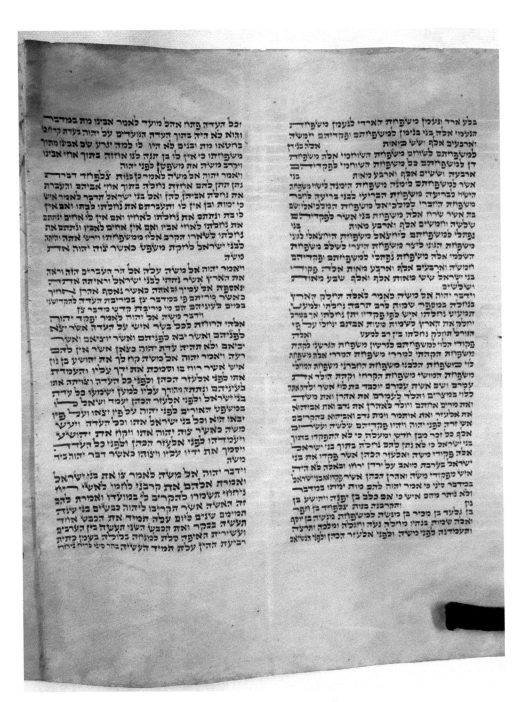

Abb. 69 b: Zwei Kolumnen der Rolle, HAB: Cod. Guelf. 160 Noviss. 2°

4. Die Torarollenfragmente

ואלוש ויחנו ברפידם ולא ה
יסעו מרפידם ויחנו במדב
ר סיני ויחנו בקברת התא
וה ויחנו בחצרת ויסעו מר
מרתמה ויחנו ברמן פר
יחנו בלבנה ויסעו מלבנה
ויחנו בקהלתה ויסעו מק
עו מהר שפר ויחנו בחרד

Abb. 70: Schriftbild von HAB: Cod. Guelf. 160 Noviss. 2°

Abb. 71: Außergewöhnliche Doppelkrönung der mittleren Buchstaben »nun« und »dalet«, in: HAB: Cod. Guelf. 160 Noviss. 2°

5. Die Wolfenbütteler Rollen Ester und Hohelied

5.1 Die fünf *Megillot* und die Praxis ihrer Herstellung

Als Teil der Hagiographen wurde den sogenannten »fünf *Megillot*«, d. h. den Büchern Ester, Rut, Kohelet, Hohelied und Klagelieder, erst seit der Spätantike eine besondere Rolle in der jüdischen Liturgie an den hohen Feiertagen zugewiesen.[61] Allein das öffentliche Verlesen der Ester-Rolle galt bereits in der Antike als Pflicht, sodass der Begriff *Megillah* – »Schriftrolle« – zuallererst ein Synonym für das biblische Buch Ester war, das wie alle fünf *Megillot* bis heute auch einzeln in Rollenform tradiert wird. Diese ursprüngliche Sonderstellung der Ester-Rolle kommt sehr schön in einem Abschnitt aus dem Babylonischen Talmud (5. Jahrhundert) zum Ausdruck, in dem die Rabbinen die Interpretation von Träumen diskutieren. Auf die Frage, welche Bedeutung das Erscheinen der biblischen Bücher und im Speziellen der Hagiographen in einem Traum habe, antworten die Rechtsgelehrten vielsagend:

> Drei große Hagiographen sind es. Wer das Buch der Psalmen sieht, schaue nach Frömmigkeit aus; Sprüche, der schaue nach Weisheit aus; Hiob, der sorge sich wegen Strafe.
>
> Drei kleine Hagiographen sind es. Wer das Hohelied im Traum sieht, schaue nach Frömmigkeit aus; Kohelet, der schaue nach Weisheit aus; Klagelieder, der sorge sich wegen Strafe.
>
> Wer die Ester-Rolle sieht, dem geschieht ein Wunder.[62]

Von einer zusammengehörigen Schriftengruppe von fünf biblischen Büchern – das Buch Rut ist an dieser Stelle gar nicht erwähnt – kann hier noch keine Rede sein. Allein das Buch Ester ist hier im aramäischen Original als eine *Megillah* ausgezeichnet und durch das Wunder in einen göttlichen Raum verwiesen. Erst in dem sogenannten »kleinen Talmudtraktat« *Massechet Soferim – Traktat der Schreiber* – aus der Spätantike (mit mittelalterlichen Ergänzungen) finden die oben genannten fünf Bücher gemeinsam als die »fünf Rollen« im Zusammenhang mit den hohen Feiertagen, an denen sie gelesen werden, Erwähnung.[63] Das Buch Kohelet ist der religionsgesetzlichen Abhandlung an dieser Stelle wohl erst später, wahrscheinlich im mittelalterlichen Europa hinzugefügt worden, was nicht bedeutet, dass dieses Buch nicht schon früher liturgische Verwendung fand. Doch obwohl hier

---

61 Das Buch Ester wird an Purim, das Hohelied an Pesach, das Buch Rut an Schavuot, die Klagelieder am Tag der Tempelzerstörung, dem 9. Av, und Kohelet im Zuge des Laubhüttenfests gelesen.
62 bT Berachot 57b.
63 Massechet Soferim, Kapitel 14,18 und 18,4; vgl. auch GÜNTER STEMBERGER: Die Megillot als Festlesungen der jüdischen Liturgie, in: Jahrbuch für Biblische Theologie 18 (2003), S. 261–276.

alle fünf Texte als etwas Zusammengehöriges genannt werden, beinhaltet der weiter oben bereits erwähnte *Traktat der Schreiber*, der im Wesentlichen Vorschriften für das Schreiben und Lesen einer Torarolle und die Herstellung der kleinen Schriftrollen in den Tefillin und Mezuzot enthält, ausschließlich mit Blick auf die Herstellung einer Ester-Rolle Vorschriften für das Schreibmaterial, das Schriftbild sowie gewisse Anforderungen an den Schreiber. Damit setzen die Autoren eine Tradition fort, die bereits im zweiten nachchristlichen Jahrhundert in der Mischna begründet wurde. Bereits dort finden sich allein für das Schreiben einer Ester-Rolle verpflichtende Vorgaben – die später allerdings auf die vier anderen *Megillot* übertragen wurden.

Schreiberhandbücher der Moderne, wie beispielsweise das einflussreiche *Qeset ha-sofer – Das Tintenfässchens des Schreibers* – des aus Ungvar (heutige Ukraine) stammenden Salomon Ganzfried (1804–1886) kommen darin überein, dass eine *Megillah* für den rituellen Gebrauch in der Synagoge immer mit *dejo* auf *gevil* oder *qelaf* zu schreiben sei. Tatsächlich ist das eine Regelung, die bereits der Mischna aus dem dritten nachchristlichen Jahrhundert als verbindlich galt. Dort heißt es:

> Ist sie [i. e. die Ester-Rolle] mit Farbe, mit Rötel, mit Gummi oder mit Vitriol, auf Papier oder auf *diphtera* geschrieben, ist er [der Schreiber seiner Pflicht] nicht frei. Vielmehr soll sie mit assyrischer Schrift auf die Rolle mit *dejo* geschrieben werden.[64]

Die weiter oben erwähnte rituelle Praxis der Pergamentweihe im christlichen Europa wurde dann vor allem in der Neuzeit verstärkt auch im Zusammenhang mit den *Megillot* diskutiert, wobei die rabbinischen Autoritäten keine gemeinsame Lösung fanden. Je nach religiöser Ausrichtung plädierten die Autoren der modernen Schreiberhandbücher für oder gegen eine obligatorische Weihe der Schreibhäute auch für die *Megillot* oder ließen beide Varianten als koscher gelten.

Die einzelnen Pergamentblätter sollen mit Sehnen von einem rituell reinen Tier zusammengenäht werden, wobei – nach Ganzfried – darauf zu achten sei, etwas unvernähten Platz am oberen und unteren Ende der Blätter zu lassen, damit die Naht beim Zusammenrollen nicht reiße.[65] Moderne Schreiber wie Ganzfried diskutieren für die *Megillot* allerdings auch Alternativen – beispielsweise Flachs zum Vernähen der Blätter oder sogar Leim, der natürlich koscher sein sollte. Möglichst alle Schreibmaterialien sollten aus jüdischer Hand stammen.

---

64 Mischna, Traktat Megillah 2,2.
65 SALOMON GANZFRIED: Sefer qeset ha-sofer, Buda 1835, Abschnitt 28,10 und der gesamte Abschnitt 17.

Was das Schriftbild betrifft, so richtet sich dieses weitestgehend nach den Vorgaben für eine Torarolle, wobei auch hier mehr Raum für Abweichungen festzustellen ist. Vor dem Schreiben sind die Blätter zu linieren, sodass die Grenzen für einen möglichst gleichmäßigen Blocksatz vorgegeben sind. Ganzfried wiederholt, was bereits antike Quellen mahnten, nämlich dass die Buchstaben gut sichtbar »von einer weißen Fläche umgeben«[66] zu schreiben seien, um die einwandfreie Lesbarkeit sicherzustellen. Dabei sollte genug Platz vor der ersten und nach der letzten Kolumne für die Fassung der Rolle in ein Gehäuse gelassen werden. Rollstäbe wie bei einer Torarolle sind ausdrücklich untersagt.[67] Wie beim Kopieren einer hebräischen Bibel oder der STaM ist auch für das Schreiben der *Megillot* die assyrische Quadratschrift zu verwenden. Schließlich sind die Buchstaben einer *Megillah* nach dem Vorbild einer Torarolle zu krönen. Wie im Folgenden am Beispiel der Wolfenbütteler *Megillot* gezeigt werden kann, nutzten die Schreiber*innen der Schriftrollen diese Sonderzeichen als besonderes, individuelles Schmuckelement des ansonsten strengen Schriftbildes.

Für das Schreiben einer *Megillah* wird darüber hinaus die ausschließliche Verwendung von *setumot*, d. h. kleinen Pausen innerhalb des Textes empfohlen. Doch auch wenn ein Schreiber große Pausen – *petuchot* – einsetzt, darf eine solche *Megillah* in der Synagoge benutzt werden. Die im Vergleich zu den STaM weitaus weniger strenge Schreibpraxis zeigt sich auch in der Tatsache, dass die Autoritäten des jüdischen Religionsgesetzes Segenssprüche oder liturgische Gedichte vor der ersten Kolumne[68] oder sogar prachtvolle Illuminierungen auf einer *Megillah* tolerieren. Solche nicht zur heiligen Schrift gehörigen Elemente sind aus einer Torarolle kategorisch ausgeschlossen.

Die Schreiber der *Megillot* sollten sich bei ihrer Arbeit ganz auf ihre Tätigkeit konzentrieren, denn ein leichtfertiger Kopist würde der Abschrift einer heiligen Schriftrolle nicht gerecht – so die Mischna.[69] Für die liturgische Lesung ist eine Ester-Rolle außerdem nur dann brauchbar, wenn sie von einer schriftlichen Vorlage und nicht aus dem Kopf kopiert ist.[70] Auch diese Regeln reichen bis in die Neuzeit hinein. In Ganzfrieds Schreiberhandbuch findet sich darüber hinaus die Bemerkung:

> Wenn eine Megillah mit der linken Hand geschrieben wurde, oder von einer Frau oder einem Kind, sagen einige [Gelehrte], sie sei [für die rituelle Nutzung] unbrauchbar und andere sagen, sie ist [trotzdem für die rituelle Lesung] brauchbar.[71]

---

66 GANZFRIED: Sefer qeset ha-sofer (s. Anm. 65), 28,2.
67 GANZFRIED: Sefer qeset ha-sofer (s. Anm. 65), 28,3.
68 GANZFRIED: Sefer qeset ha-sofer (s. Anm. 65), 28,8.
69 Mischna, Traktat Megillah 2,2: »Hat er sie [die Ester-Rolle] abgeschrieben, studiert oder verbessert, ist er nur [seiner Pflicht] frei, wenn er sich ganz [darauf] konzentriert hat, aber wenn nicht, ist er nicht frei.«
70 bT Megillah 18 b.
71 GANZFRIED: Sefer qeset ha-sofer (s. Anm. 65), 28,9.

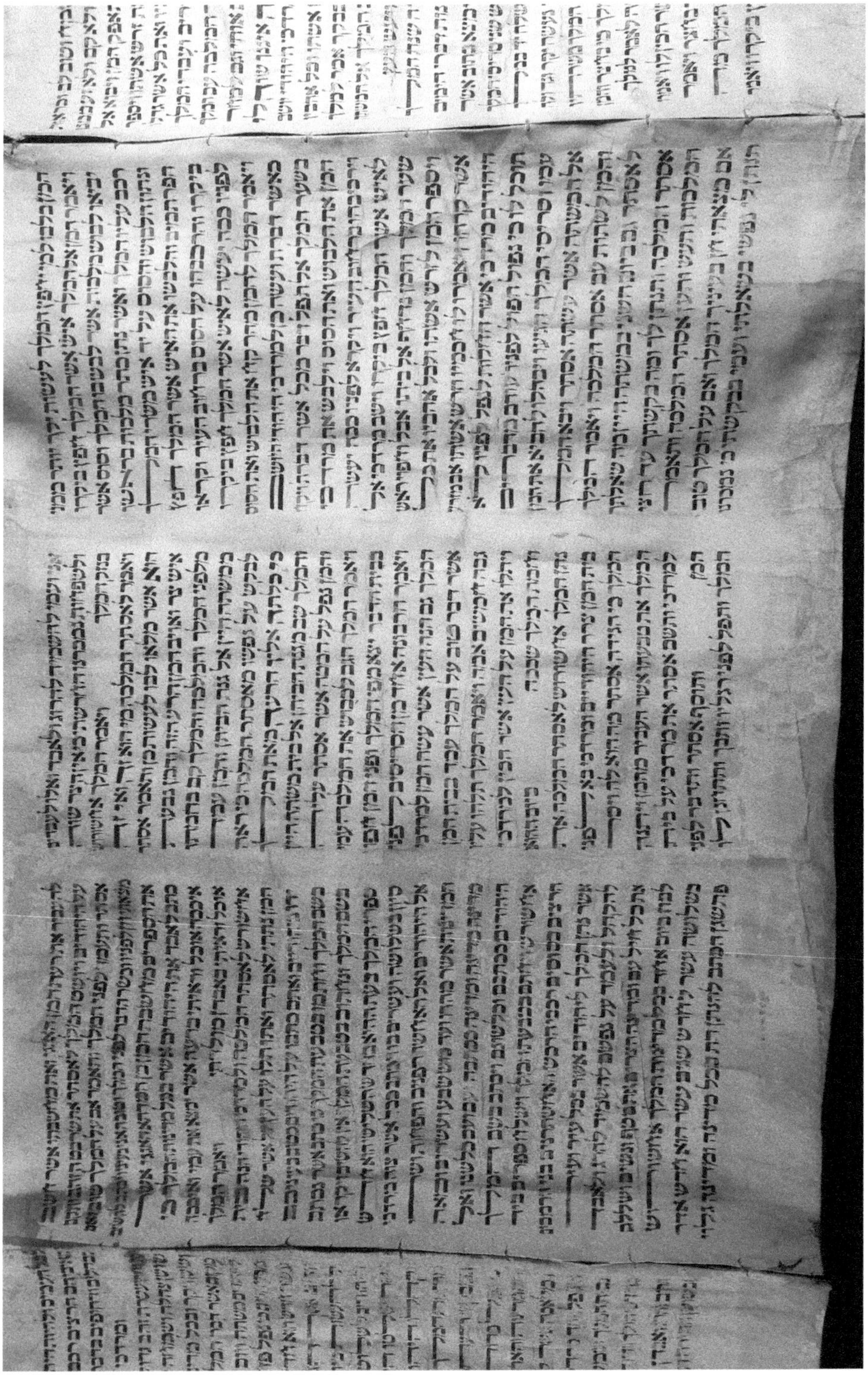

5. Die Wolfenbütteler Rollen Ester und Hohelied

Abb. 72: Ausschnitt aus dem Wolfenbütteler Fragment einer »Megillat Ester«, HAB: Cod. Guelf. 189 Noviss. 2°, Bl. 2

Diese liberale Haltung gegenüber schreibenden Frauen scheint mit Blick auf die *Megillot* schon seit der frühen Neuzeit gegolten zu haben. Toraschreiberinnen haben dagegen noch in der heutigen Zeit einen schweren Stand innerhalb der Schreiberzunft, da von Frauen geschriebene Torarollen, Tefillin und Mezuzot für die meisten jüdischen Gemeinden inakzeptabel, d. h. nicht koscher sind. Allein einige wenige liberale Gemeinden nutzen von Frauen geschriebene Schriftrollen im synagogalen Ritus.

5.2 Das Fragment einer *Megillat Ester* (Cod. Guelf. 189 Noviss. 2°)

Die Herzog August Bibliothek bewahrt eine stark lädierte Ester-Rolle auf, deren materiale Eigenschaften, insbesondere das Schriftbild mit der großen Quadratschrift, auf eine Entstehung im deutschen Raum des 16./17. Jahrhunderts deuten (Abb. 72). Die Handschrift umfasste ursprünglich fünf Blätter aus Pergament, von denen jedoch nur vier Blätter mit dem unvollständigen Text des biblischen Buches Ester 4,3–10,3 erhalten sind. Die Blätter sind durch sieben bis neun Stiche miteinander vernäht (Abb. 73). Die ersten beiden Blätter sind etwas breiter (1. Bl.: 50 cm hoch und 61 cm breit; 2. Bl.: 51 cm hoch und 64 cm breit) als die letzten beiden Blätter (3. Bl.: 51 cm hoch und 48 cm breit; 4. Bl.: 49 cm hoch und 41 cm breit), wobei sich der Seitenspiegel mit den je drei Kolumnen und 27 Zeilen gleicht (41 × 57 cm) (Abb. 74). Starke Abreibungs- und Schmutzspuren auf dem vergilbten Pergament haben die Schrift teilweise in Mitleidenschaft gezogen und auch Löcher, Risse und Wachsspuren beeinträchtigen die Leserlichkeit der Handschrift (Abb. 75). Das letzte Blatt ist so stark beschädigt, dass der Text nur noch lückenhaft zu erkennen ist. Über die Provenienz der Rolle lässt sich nichts Genaues mitteilen, außer dass einem beigefügten mit Schreibmaschine getippten Anschreiben vom 01.11.1939 an die Lessing-Bibliothek zu entnehmen ist, dass das Fragment an eben diesem Datum ins Akzessionsbuch aufgenommen wurde. Handschriftlich dazu notiert: 1939, 645

Aufgrund des recht großen Formats, der exakten Linienführung und insbesondere der schönen, am rabbinischen Ideal orientierten großen Schrift, die auf einen professionellen *sofer* STaM als Schreiber deutet, ist eine Benutzung dieser Ester-Rolle im synagogalen Ritus sehr wahrscheinlich.

Wie die meisten Ester-Rollen weist auch diese eine (Abb. 76) Besonderheit im Schriftbild auf, die Ganzfried folgendermaßen beschreibt:

> Es ist Brauch in diesen Ländern, die zehn Söhne Hamans in einer eigenen Kolumne zu schreiben, mit »איש« (Abb. 77) [*Mann, Ester* 9,6] und ואת (Abb. 78) [*und der, Ester* 9,7] am Ende [der Zeile] mit einer Lücke dazwischen. Und dann [kommt] *Parshandata* (Abb. 79) auf der einen Seite und *we-et* auf der anderen und so weiter bis *Wajzata* auf der einen Seite der letzten Zeile und *aseret* (Abb. 80) am Ende. Man soll das *waw* von *Wajzata* (Abb. 81) verlängern, und

Abb. 73: Naht, Fragment einer »Megillat Ester«, HAB: Cod. Guelf. 189 Noviss. 2°, Bl. 1/2

5.2 Das Fragment einer *Megillat Ester*

Abb. 74: Teilweise zerstörtes Schriftbild, Fragment einer »Megillat Ester«, HAB: Cod. Guelf. 189 Noviss. 2°, Bl. 4

sein Kopf ist gebeugt und doch geradlinig, so als ob es sich nach unten neigt und manche sagen, der [Blick des] Leser[s] sollte darauf ruhen.

Der Brauch, die zehn Söhne Hamans mit großen Buchstaben zu schreiben, ist nicht verpflichtend, da es keine autoritative Tradition hinsichtlich dieses Effekts gibt. [Schreiber] tun es, weil eine Megillah meist in langen Kolumnen geschrieben ist, doch die zehn Söhne nur elf Zeilen einnehmen und sich über die gesamte Kolumne erstrecken müssen. Entweder man hat einen großen Freiraum am unteren Ende oder es müssen große Abstände zwischen den Zeilen gewahrt werden – es schreiben [die Schreiber] mit großen Buchstaben, um die Kolumne zu füllen.[72]

Weshalb diese Szene im Schriftbild hervorgehoben wird, ist mit Blick auf die Ester-Geschichte und deren Rezeption leicht nachzuvollziehen. Der Tod der Söhne Hamans symbolisiert den Sieg der Juden über den Judenfeind Haman, der als mächtigster Mann neben dem König Ahasveros die Juden des Perserreichs zu vernichten drohte. In der jüdischen Tradition wird die spezielle Anordnung der Namen als Bild für die Hinrichtung der Söhne Hamans einer über bzw. neben dem anderen interpretiert. Der hebräische Buchstabe *waw*, der jeweils den Anfang des Wortes *we-et* in der linken Hälfte der Kolumne bildet sowie das vergrößerte *waw* am Anfang des zehnten Namens *Wajzata*, erinnere mit seiner Form [ו] an die Galgen, an die die

---

[72] GANZFRIED: Sefer qeset ha-sofer (s. Anm. 65), 28,5 und 6.

5. Die Wolfenbütteler Rollen Ester und Hohelied

*Abb. 75: Durch Mäusefraß zerstörtes Blatt, Fragment einer »Megillat Ester«,
HAB: Cod. Guelf. 189 Noviss. 2°, Bl. 4*

5.2 Das Fragment einer *Megillat Ester*

Abb. 76: Darstellung der zehn Söhne Hamans, Fragment einer »Megillat Ester«,
HAB: Cod. Guelf. 189 Noviss. 2°, Bl. 3

5. Die Wolfenbütteler Rollen Ester und Hohelied

Abb. 77: »Iš – Mann« – Fragment einer »Megillat Ester« (s. Abb. 76), Bl. 3

Abb. 78: »We-et – und der« – Fragment einer »Megillat Ester« (s. Abb. 76), Bl. 3

Abb. 79: »Paršandata«, Fragment einer »Megillat Ester« (s. Abb. 76), Bl. 3

Abb. 80: »Aśeret«, Fragment einer »Megillat Ester« (s. Abb. 76), Bl. 3

Abb. 81: »Wajzata« mit einem in die Länge gezogenen »waw«, Fragment einer »Megillat Ester« (s. Abb. 76), Bl. 3

Unglücklichen geknüpft wurden. An diesem hervorgehobenen Buchstaben *waw* soll der Betrachter innehalten und die Geschichte von der jüdischen Königin Ester und ihrem Einsatz für das jüdische Volk in Persien vor dem inneren Auge gegenwärtig werden lassen. Diese Besonderheiten des Schriftbildes einer *Megillat Ester* ergänzen den Text auf einer bildlichen Ebene mit Erinnerungszeichen aus der gemeinsamen Vergangenheit, die losgelöst von den vielfältigen Einflüssen der Umweltkulturen religiöse Identität stiften.

5.3 Die vollständige *Megillat Ester* (Cod. Guelf. 190 Noviss. 2°)

Die Herzog August Bibliothek ist im Besitz einer weiteren *Megillat Ester*, die auf fünf Pergamentblättern den vollständigen Text des biblischen Buches enthält. Das erste (15 × 60 cm), zweite (15 × 66 cm) und vierte Blatt (15 × 55 cm) ist mit je vier Kolumnen à 19 Zeilen beschrieben, während die wesentlich kleineren Blätter drei (15 × 30,5 cm) und fünf (12 × 34 cm) nur zwei 19-zeilige Kolumnen umfassen (Abb. 82). Das Schriftbild entspricht mit den professionell ausgeführten Buchstaben und dem sorgfältigen Layout den oben beschriebenen rabbinischen Vorgaben und legt – mit einem zusätzlichen Blick auf die starken Abnutzungsspuren der Handschrift – eine Entstehung im 17./18. Jahrhundert im mitteleuropäischen Raum nahe. Die relativ kleine Rolle ist schmucklos, ein Gehäuse fehlt.

Das Interessante an dieser sonst eher unscheinbaren *Megillah* sind die mit Bleistift vorgenommenen Eintragungen von Namen und Jahresdaten auf dem letzten Blatt, die uns Aufschluss über die Provenienz der Handschrift geben (Abb. 83). Es handelt sich bei diesen Eintragungen sehr wahrscheinlich um zeitweilige Besitzer der Rolle. Folgendes lässt sich mit Mühe entziffern: Julius Hahler aus Hannover 1880–1883; [Adolph Faust?]; Emil Rosenbaum, Pleschen, Pr. Posen 187[4]; Moritz Kopelman, [...], 188[3]; Hugo Blumenthal 1886, [...], Westfalen; S. Jakob, Schubin, 1883 Pr. Posen; [Boris Hess?] 1885.

Einem beigefügten handgeschriebenen Zettel von Landesrabbiner Kurt Wilhelm vom 9. September 1929 ist zu entnehmen, dass diese Handschrift aus der Bibliothek der Wolfenbütteler Samson-Schule stammt. Die Samsonsche Freischule entstand 1807 aus der bereits 1786 von Philipp Samson (1743–1805) gegründeten Tora- und Talmudschule und hielt den Schulbetrieb bis 1928 aufrecht.[73] Der Verlust des Stiftungskapitals infolge der Inflation und die mit einem Schülerrückgang verbundenen wirtschaftlichen Schwierigkeiten erzwangen im Herbst 1928 schließlich die Auflösung der Schule. Die Schulbibliothek mit ihren ca. 6.000 deutschsprachigen und

---

73 Zur Geschichte der Samson-Schule siehe u.a. ERNEST A. BOAS: Die Wolfenbütteler Samson-Schule, in: Heimatbuch für den Landkreis Wolfenbüttel 38 (1992), S. 35–38.

Abb. 82:
Schriftbild der vollständigen »Megillat Ester«,
HAB: Cod. Guelf. 190
Noviss. 2°, Bl. 2

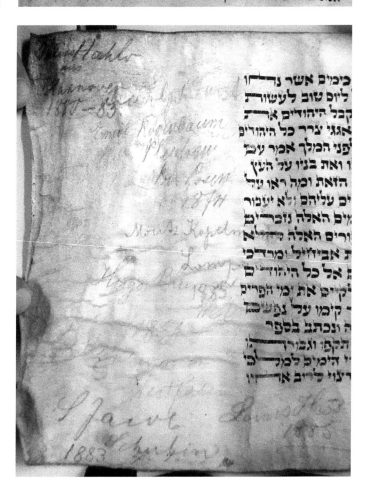

Abb. 83:
Notizen mit Bleistift am Ende der vollständigen »Megillat Ester«,
HAB: Cod. Guelf. 190
Noviss. 2°, Bl. 5

600 hebräischen Bänden wurde 1929 als Depositum in die Herzog August Bibliothek aufgenommen.[74] Anfang der 1950er Jahre klärte die Bibliothek unter Direktor Erhart Kästner mit der Jewish Trust Corporation die Rechtsverhältnisse und veranlasste 1955 zunächst die Abgabe der hebräischen Bände an die Society for Jewish Studies in London und an die Liberale Jüdische Gemeinde in Sao Paulo. Der deutschsprachige Bestand wurde zum Teil an jüdische Gemeinden Nordwestdeutschlands abgegeben oder – falls kein Interesse an diesen Büchern bestand – versteigert. Schließlich gingen einige Bände der Samson-Schule und offensichtlich auch hebräische Schriftrollen in den Bestand der Herzog August Bibliothek über.

5.4 Die *Megillat Schir ha-Schirim* (Cod. Guelf. 191 Noviss. 2°)

Die Hohelied-Rolle der Herzog August-Bibliothek ist die jüngste der fünf Wolfenbütteler *Megillot* (Abb. 84). Das sehr gut erhaltene schmucklose Manuskript wurde wahrscheinlich im 19. Jahrhundert im mitteleuropäischen Raum geschrieben. Sie enthält den vollständigen Text des Hohelieds auf drei Pergamentblättern, wobei das erste (25 × 57 cm) und zweite (25 × 53 cm) Blatt je vier Kolumnen und das dritte Blatt (25 × 54,5 cm) drei Kolumnen mit 17 Zeilen enthält. Leider ist das Gehäuse der Rolle nicht mehr erhalten.

Bemerkenswert an dieser Rolle ist die schöne, verschnörkelte Schrift und die mit großer Liebe zum Detail ausgeführten Krönchen auf den Buchstaben (Abb. 85). Diese Hand gehörte sicherlich nicht einem professionellen Toraschreiber, sondern eher einem Laien – vielleicht auch einer Frau –, der oder die sich kleine Freiheiten beim Schreiben der Buchstabenformen herausnahm. Die ersten Buchstaben jeder Kolumne sind größer geschrieben und zusätzlich mit kleinen Verzierungen geschmückt (Abb. 86).

Die Handschrift enthält auf Blatt 1 und 3 Besitzstempel (Abb. 87) der Samson-Schule in Wolfenbüttel. Ein beigefügter handgeschriebener Zettel von Landesrabbiner Kurt Wilhelm vom 9. September 1929 bestätigt, dass auch diese Handschrift aus der Bibliothek der Samson-Schule stammt.

---

74 Vgl. JULIA FREIFRAU HILLER VON GAERTRINGEN: Diese Bibliothek ist zu nichts verpflichtet außer zu sich selbst. Erhart Kästner als Direktor der Herzog August Bibliothek 1950–1968 (Wolfenbütteler Hefte 23), Wiesbaden 2009, S. 104–108.

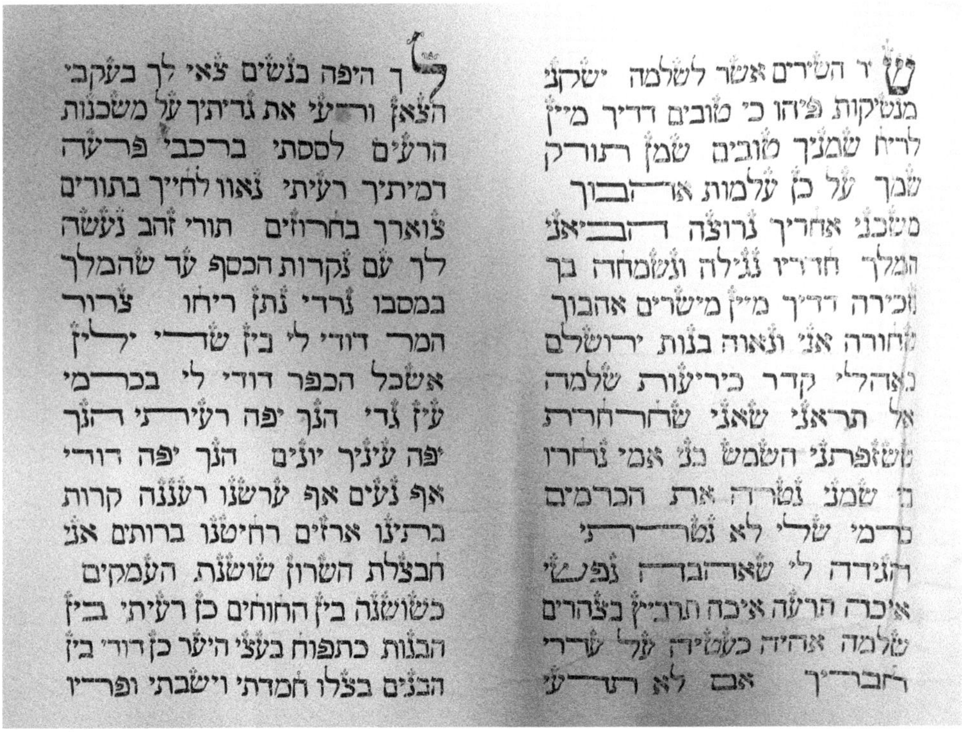

5. Die Wolfenbütteler Rollen Ester und Hohelied

שׁ֩יר הַשִּׁירִים אֲשֶׁר לִשְׁלֹמֹה יִשָּׁקֵנִי
מִנְּשִׁיקוֹת פִּיהוּ כִּי טוֹבִים דֹּדֶיךָ מִיַּיִן
לְרֵיחַ שְׁמָנֶיךָ טוֹבִים שֶׁמֶן תּוּרַק
שְׁמֶךָ עַל כֵּן עֲלָמוֹת אֲהֵבוּךָ
מָשְׁכֵנִי אַחֲרֶיךָ נָּרוּצָה הֱבִיאַנִי
הַמֶּלֶךְ חֲדָרָיו נָגִילָה וְנִשְׂמְחָה בָּךְ
נַזְכִּירָה דֹדֶיךָ מִיַּיִן מֵישָׁרִים אֲהֵבוּךָ
שְׁחוֹרָה אֲנִי וְנָאוָה בְּנוֹת יְרוּשָׁלָ͏ִם
כְּאָהֳלֵי קֵדָר כִּירִיעוֹת שְׁלֹמֹה
אַל תִּרְאוּנִי שֶׁאֲנִי שְׁחַרְחֹרֶת
שֶׁשְּׁזָפַתְנִי הַשָּׁמֶשׁ בְּנֵי אִמִּי נִחֲרוּ
בִי שָׂמֻנִי נֹטֵרָה אֶת הַכְּרָמִים
כַּרְמִי שֶׁלִּי לֹא נָטָרְתִּי
הַגִּידָה לִּי שֶׁאָהֲבָה נַפְשִׁי
אֵיכָה תִרְעֶה אֵיכָה תַּרְבִּיץ בַּצָּהֳרָיִם
שַׁלָּמָה אֶהְיֶה כְּעֹטְיָה עַל עֶדְרֵי
חֲבֵרֶיךָ אִם לֹא תֵדְעִי

לָךְ הַיָּפָה בַנָּשִׁים צְאִי לָךְ בְּעִקְבֵי
הַצֹּאן וּרְעִי אֶת גְּדִיֹּתַיִךְ עַל מִשְׁכְּנוֹת
הָרֹעִים לְסֻסָתִי בְּרִכְבֵי פַרְעֹה
דִּמִּיתִיךְ רַעְיָתִי נָאווּ לְחָיַיִךְ בַּתֹּרִים
צַוָּארֵךְ בַּחֲרוּזִים תּוֹרֵי זָהָב נַעֲשֶׂה
לָּךְ עִם נְקֻדּוֹת הַכָּסֶף עַד שֶׁהַמֶּלֶךְ
בִּמְסִבּוֹ נִרְדִּי נָתַן רֵיחוֹ צְרוֹר
הַמֹּר דּוֹדִי לִי בֵּין שָׁדַי יָלִין
אֶשְׁכֹּל הַכֹּפֶר דּוֹדִי לִי בְּכַרְמֵי
עֵין גֶּדִי הִנָּךְ יָפָה רַעְיָתִי הִנָּךְ
יָפָה עֵינַיִךְ יוֹנִים הִנְּךָ יָפֶה דוֹדִי
אַף נָעִים אַף עַרְשֵׂנוּ רַעֲנָנָה קֹרוֹת
בָּתֵּינוּ אֲרָזִים רַהִיטֵנוּ בְּרוֹתִים אֲנִי
חֲבַצֶּלֶת הַשָּׁרוֹן שׁוֹשַׁנַּת הָעֲמָקִים
כְּשׁוֹשַׁנָּה בֵּין הַחוֹחִים כֵּן רַעְיָתִי בֵּין
הַבָּנוֹת כְּתַפּוּחַ בַּעֲצֵי הַיַּעַר כֵּן דּוֹדִי בֵּין
הַבָּנִים בְּצִלּוֹ חִמַּדְתִּי וְיָשַׁבְתִּי וּפִרְיוֹ

Abb. 84: Die ersten beiden Kolumnen der Hohelied-Rolle, HAB: Cod. Guelf. 191 Noviss. 2°, Bl. 1

Abb. 85: Die Krönchen der Hohelied-Rolle, HAB: Cod. Guelf. 191 Noviss. 2°, Bl. 1

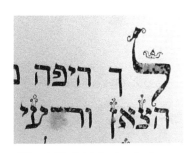

Abb. 86: Ein Initialbuchstabe der Hohelied-Rolle, HAB: Cod. Guelf. 191 Noviss. 2°, Bl. 1

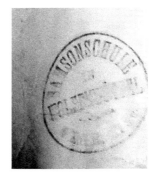

Abb. 87: Besitzstempel der Samson-Schule auf dem ersten Blatt, HAB: Cod. Guelf. 191 Noviss. 2°, Bl. 1

6. Die illuminierten Rollen *Megillat Rut* (Cod. Guelf. 192 Noviss. 2°) und *Kohelet* (Cod. Guelf. 193 Noviss. 2°)

Die beiden Rollen Rut und Kohelet der Herzog August Bibliothek gehören in ein gemeinsames Kapitel, da sie mit derselben Hand geschrieben und von den gleichen Kupferstichen verziert sind. Für eine gemeinsame Genese sprechen ebenfalls die mit Wasserfarbe gemalten Miniaturen, die zweifellos von ein und demselben Künstler hergestellt wurden.

Der Schreiber oder die Schreiberin verwandte die assyrische Quadratschrift, die – verglichen mit von professionellen Toraschreibern kopierten Rollen – etwas runder, weicher und weniger exakt erscheint. Es ist sehr wahrscheinlich, dass hier ein Laie mit einer schönen, sauberen Handschrift bzw. ein Schreiber oder eine Schreiberin mit wenig Praxis in der Umsetzung der zahlreichen und ins kleinste Detail gehenden Vorgaben für die Buchstabenformen geschrieben hat (Abb. 88 a–b). Die Schrift setzt unterhalb der feinen Blindlinierung an, die mithilfe von in regelmäßigen Abständen gesetzten Löchern am äußeren Rand des Blattes hergestellt wurde (Abb. 89). Der Verlauf der Linierung in die Schraffuren des Kupferstiches hinein bestärkt die Annahme, dass die einzelnen Blätter zuerst mit den Kupferstichen versehen und erst zu einem späteren Zeitpunkt für die Beschriftung vorbereitet wurden (Abb. 90).

An einigen wenigen Stellen sind die Spuren von kleineren Korrekturen zu sehen, wie beispielsweise am Buchstaben *zade* des Wortes *zaddiq* – gerecht – in Prediger 7,16 (Abb. 91) oder am Buchstaben *šin* des Wortes *še-gam* – dass auch – in Prediger 1,17 (Abb. 92).

Beide Rollen sind auf dem gleichen dünnen, leicht aufgerauten Pergament mit einer schwarzen, teilweise schon etwas ins Bräunliche neigenden Tinte geschrieben. Der Beschreibstoff entspricht wohl am ehesten dem, was das jüdische Religionsgesetz unter *qelaf* oder *duchsustos* versteht. Die Pergamentblätter sind miteinander vernäht, wobei die Nähte teilweise erneuert wurden (Abb. 93).

Die *Megillat Rut* besteht aus zwei und die *Megillat Kohelet* aus vier Blättern von gleicher Größe (32 × 60 cm) und mit gleichem Seitenspiegel (21 × 57 cm). Abgesehen von einigen wenigen Schmutz- und Abnutzungsspuren sind beide Rollen in einem sehr guten Zustand und vollständig, allerdings ohne Gehäuse, erhalten. Jedes Blatt enthält vier Kolumnen mit 21/22 (Rut) bzw. 23/24 (Kohelet) Zeilen. Beide Rollen sind mit etwa 5 cm hohen Kupferstichbordüren über und unter dem Schriftspiegel verziert, auf denen sich Blattornamente unterbrochen von nackten weiblichen Halbfiguren und Pfauen entfalten. Kartuschen zeigen Landschaften mit Schlössern und Herrenhäusern. Zwischen den Kolumnen sind umrankte Säulen (17 × 3 cm) gestochen, auf denen gemalte Miniaturen die Texte

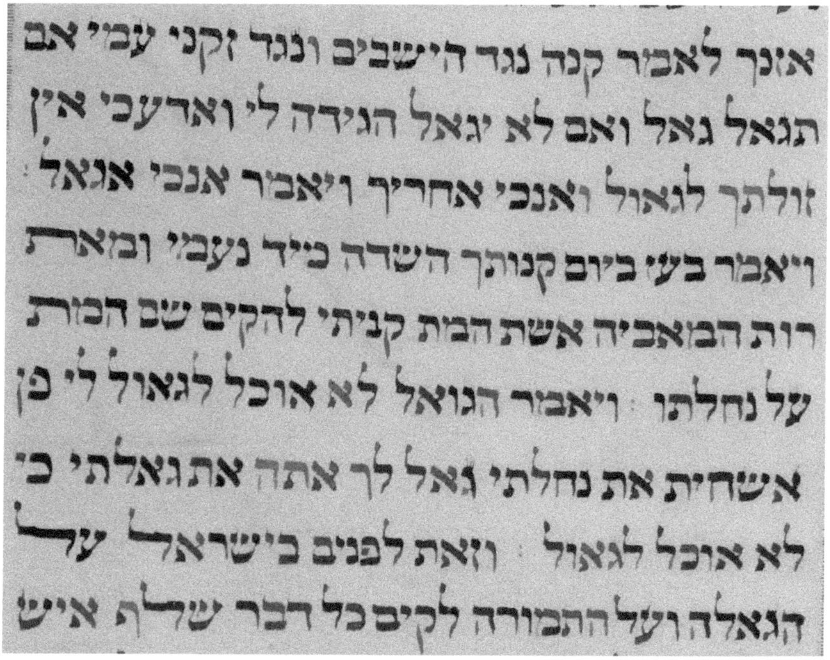

6. Die illuminierten *Megillot Rut* und *Kohelet*

אזנך לאמר קנה נגד היושבים ונגד זקני עמי אם
תגאל גאל ואם לא יגאל הגידה לי ואדעכי אין
זולתך לגאול ואנכי אחריך ויאמר אנכי אגאל
ויאמר בעז ביום קנותך השדה כיד נעמי ומאת
רות המואביה אשת המת קניתי להקים שם המת
על נחלתו ויאמר הגואל לא אוכל לגאול לי פן
אשחית את נחלתי גאל לך אתה את גאלתי כי
לא אוכל לגאול וזאת לפנים בישראל על
הגאלה ועל התמורה לקיב כל דבר שלף איש

Abb. 88 a: Schriftbild der »Megillat Rut«, HAB: Cod. Guelf. 192 Noviss. 2°, Bl. 1

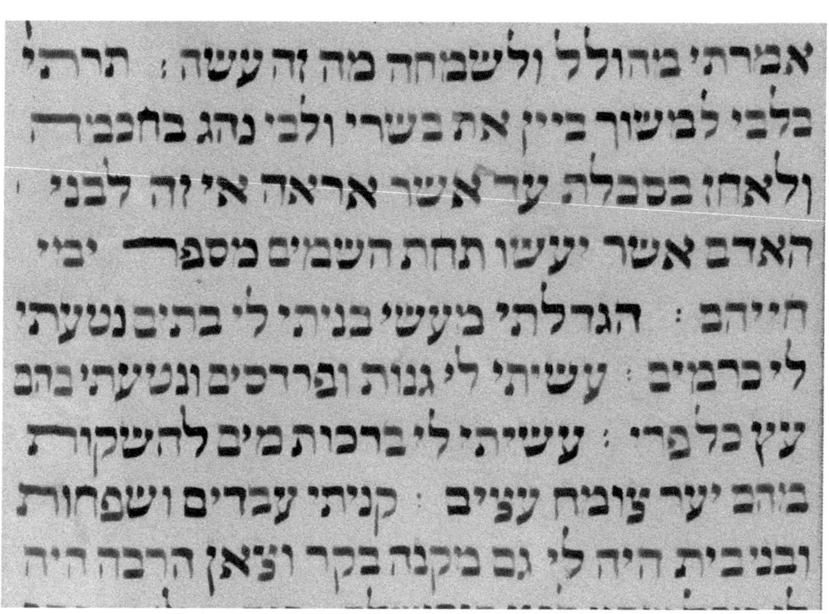

אמרתי בהולל ולשמחה מה זה עשה ׃ תרתי
בלבי למשוך ביין את בשרי ולבי נהג בחכמה
ולאחז בסכלה עד אשר אראה אי זה לבני
האדם אשר יעשו תחת השמים מספר ימי
חייהם ׃ הגדלתי מעשי בניתי לי בתים נטעתי
לי כרמים ׃ עשיתי לי גנות ופרדסים ונטעתי בהם
עץ כל פרי ׃ עשיתי לי ברכות מים להשקות
מהם יער צומח עצים ׃ קניתי עבדים ושפחות
ובני בית היה לי גם מקנה בקר וצאן הרבה היה

Abb. 88 b: Schriftbild der »Megillat Kohelet«, HAB: Cod. Guelf. 193 Noviss. 2°, Bl. 1

6. Die illuminierten *Megillot Rut* und *Kohelet*

Abb. 89:
Einstichlöcher der
Blindlinierung der
»Megillat Kohelet«,
HAB: Cod. Guelf. 193
Noviss. 2°, Bl. 1
(Ausschnitt)

Abb. 90: Linierung
in »Megillat Kohelet«,
HAB: Cod. Guelf. 193
Noviss. 2°, Bl. 1
(Ausschnitt)

6. Die illuminierten *Megillot Rut* und *Kohelet*

Abb. 91: Korrektur in »Megillat Kohelet«, HAB: Cod. Guelf. 193 Noviss. 2°, Bl. 3 (Ausschnitt)

6. Die illuminierten *Megillot Rut* und *Kohelet* 91

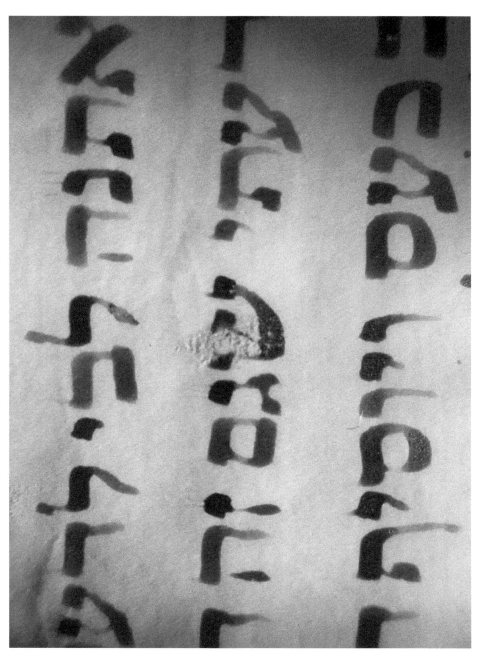

Abb. 92: Korrektur in »Megillat Kohelet«, HAB: Cod. Guelf. 193 Noviss. 2°, Bl. 1 (Ausschnitt)

92   6. Die illuminierten *Megillot Rut* und *Kohelet*

Abb. 93: Neue Naht in »Megillat Kohelet«, HAB: Cod. Guelf. 193 Noviss. 2°, Bl. 1/2 (Ausschnitt)

*Abb. 94: Besitzstempel der Samson-Schule in »Megillat Kohelet«,
HAB: Cod. Guelf. 193 Noviss. 2°, Bl. 4 (Ausschnitt)*

illustrieren. Jedes Bild ist mit einem Titel versehen, der dem biblischen Text entnommen ist.

Einem beigefügten handgeschriebenen Zettel von Landesrabbiner Kurt Wilhelm vom 9. September 1929 ist zu entnehmen, dass die *Megillat Rut* aus der Bibliothek der Samson-Schule stammt. Ein solcher Nachweis der Provenienz ist auch für die *Megillat Kohelet* erbracht, die auf dem vierten Blatt einen Besitzstempel der Samson-Schule in Wolfenbüttel, gegr. 1786, enthält (Abb. 94).

6.1 Das Bildprogramm der *Megillat Rut* (Cod. Guelf. 192 Noviss. 2°)

Auf den Kapitellen über den gedrehten Säulen zwischen den Textkolumnen erscheinen in horizontaler Anordnung, von rechts nach links, sechs farbige Miniaturen, die Episoden aus dem Buch Rut abbilden. In der ersten Szene, (Farbabb. 3, S. 127) die mit נעמי ושתי כלותיה - »Noomi und ihre beiden Schwiegertöchter« - untertitelt ist, ist die Witwe Noomi mit ihren ebenfalls verwitweten Schwiegertöchtern Orpa und Rut abgebildet. Die drei Frauen stehen mit dem Rücken zu einer altertümlich wirkenden Stadt mit Türmen, einer Stadtmauer und einem großen Tor. Der biblischen Geschichte entsprechend muss es sich hier um einen Ort im Lande Moab handeln, das Noomi nach dem Tod ihres Mannes und ihrer beiden Söhne verlassen möchte, um in ihre Heimat Juda zurückzukehren. Noomi empfiehlt den beiden jungen Frauen, in ihrem Geburtsland Moab zu bleiben und sie alleine ziehen zu lassen. Allein Rut entscheidet sich, mit Noomi in die Fremde zu gehen. Die abgebildete Festungsstadt, die grüne Landschaft und die Kleidung der Frauen orientiert sich an einer mitteleuropäischen Kulturlandschaft, die nichts mit der Wüstenlandschaft Moabs im heutigen Jordanien zu tun hat.

In der zweiten Szene (Farbabb. 4, S. 127) stehen Noomi und Boaz vor einer ebenfalls mit Festungsmauer und einigen Türmen versehenen Stadt. Die Bildunterschrift zitiert Rut 2,1: ולנעמי מודע ושמו בועז - »und Noomi hatte einen Verwandten [...] und sein Name war Boaz«. Der biblische Text berichtet von keiner Begegnung oder einem Gespräch von Noomi und Boaz, doch der Künstler inszeniert ein Zusammentreffen der beiden, wahrscheinlich um Boaz, der viel für den Schutz Ruts als alleinstehende Frau in der Fremde tun wird, auch visuell hervorzuheben. Er trägt einen langen schwarzen Mantel mit einer großen weißen Halskrause sowie einen schwarzen Hut mit breiter Krempe – eine barocke Mode Mitteleuropas. Noomi scheint ihn mit gefalteten Händen vor der Brust um etwas zu bitten, das Boaz mit der rechten Hand auf dem Herzen offen anzunehmen scheint.

Die dritte Szene (Farbabb. 5, S. 128) ist mit dem Vers ותלך רות ותלקט בשדה אחר הקוצרים - »Und es ging Rut den Schnittern nach und las auf dem Feld auf« (Rut 2,2) untertitelt. Sie zeigt Rut neben einer Frau bei der Arbeit. In einigem Abstand sensen drei Männer im Hintergrund das Korn. Boaz, der Besitzer dieses Feldes, hatte Rut angewiesen, sich an die anderen Feldarbeiterinnen zu halten, um sexueller Belästigung durch die Landarbeiter zu entgehen. Er wandte sich auch mit einer Ermahnung an die Männer, um die alleinstehende Frau in Schutz zu nehmen.

Auf der vierten Säule ist eine Vignette in der Mitte mit Blumenbouquet (Kupferstich) platziert. Das vierte Bild (Farbabb. 6, S. 128) zeigt die halb entblößte Rut in der delikaten Szene im Bett des Boaz. Der Vers ותבא בלט ותגל מרגלתיו ותשכב - »Und sie kam leise und deckte auf zu seinen Füßen und legte sich« (Rut 3,7) kommentiert dieses Bild. Rut befolgte den Ratschlag Noomis, nachts auf die Tenne zu gehen, sich zu den Füßen Boaz' zu legen und zu tun, was er von ihr verlange. Doch tatsächlich verlangt Rut etwas von Boaz. Als kinderlose Witwe steht ihr nach Levitatsrecht eine sogenannte »Schwagerehe« mit einem Bruder ihres verstorbenen Mannes zu. Da auch die Brüder Elimelechs verstorben waren, kann sie Boaz – ohne Verzicht eines Schwagers auf das patriarchale Recht – um die Ehe bitten. Boaz möchte ihr diesen Wunsch erfüllen und verspricht Rut darüber hinaus, den Verkauf des Grundstücks Elimelechs zu ihren Gunsten durch Verhandlungen mit dem erstberechtigten Käufer zu regeln. Es ist nicht ganz klar, wen die beiden Männer auf der linken Seite des Bildes darstellen sollen. Ist es Boaz, der am

Abend von einem Nachtmahl in geselliger Runde nach Hause kommt und Rut in seinem Bett vorfindet? In der biblischen Geschichte schleicht sich Rut in der Dunkelheit zu dem bereits schlafenden Boaz. Oder ist hier schon der zukünftige Verhandlungspartner um das Grundstück von Ruts verstorbenen Mann abgebildet?

Die Verhandlung selbst ist Gegenstand des fünften Bildes (Farbabb. 7, S. 129), das mit dem Untertitel ובעז עלה השער ... ויקח עשרה אנשים - »Und Boaz ging hinauf zum Tor ... und er nahm zehn Männer« (Rut 4,1 und 2) - versehen ist und zeigt, wie Boaz mit dem erstberechtigten Käufer und zehn Männern der Ältesten argumentiert und letztlich das Stück Land und Rut für sich erstreitet. Und auch das sechste Bild (Farbabb. 8, S. 129) mit dem Untertitel ויאמר שבו פה ... ויאמר לגואל - »Und er sprach: ›setzt euch her‹ ... da sprach er zu dem Erben« (Rut 4,2 und 3) zeigt eine Verhandlungsszene, die sich nun vom Stadttor weg an eine Tischrunde verlagert hat.

6.2 Das Bildprogramm der *Megillat Kohelet* (Cod. Guelf. 193 Noviss. 2°)

Das Buch Kohelet - Prediger - ist eine unzusammenhängende Sammlung von Weisheitssprüchen, Sprichwörtern, Sentenzen, Mahnworten und Lehrgedichten, dementsprechend bilden auch die farbigen Miniaturen über den gedrehten Säulen zwischen den Textkolumnen keine erzählerische Einheit. Vielmehr greift der Illustrator wahllos Sprüche aus dem fortlaufenden Text auf und führt sie dem Leser bildhaft vor Augen. Die Kapitele tragen von rechts nach links insgesamt zehn Bilder und mehrere Vignetten mit Blumenbouquet (Kupferstich). Auch in dieser Handschrift sind die Miniaturen mit Untertiteln versehen, die dem biblischen Text entnommen sind. Die erste Abbildung (Farbabb. 9, S. 130) zeigt König Salomon in königlich roter Robe von vier Edelleuten umgeben, die in dieselbe barocke Mode - schwarze lange Mäntel, große weiße Halskrause und schwarzer flacher Hut - wie die männlichen Protagonisten der Wolfenbütteler *Megillat Rut* gehüllt sind. Die Bildunterschrift קהלת בן דוד מלך בירושלים -»Prediger, Sohn des David, König in Jerusalem« - entspricht Prediger 1,1. Es ist die einzige Stelle des Textes, der oft als »salomonischer Weisheitstext« rezipiert wurde, die auf König Salomon, den Nachfolger Davids, als Autor schließen lässt. Im Buch selbst wird der Name »Salomon« nicht genannt. Das darauffolgende Bild (Farbabb. 11, S. 131) ist mit dem Versfragment מקום המשפט שם הרשע - »Ort des Gerichts, wo das Böse ist« (Prediger 3,16) - unterschrieben. Es zeigt eine Gruppe von Männern, die an die Vergänglichkeit des Menschen und die Unfähigkeit, Recht zu sprechen, erinnern soll. Nur Gott allein - so die folgenden Verse - kann die Gottlosen und Gerechten richten. Im dritten Bild (Farbabb. 13, S. 132) sitzen zwei Paare an einem reich gedeckten Tisch und illustrieren so die Sentenz כל האדם שיאכל ושתה מתת אלהים הוא - »Jeder

Mensch, der isst und trinkt [...] ist Gott gegeben« (Prediger 3,13). Der Vers gehört zu einer Reihe von Gedanken, die sich das Buch Kohelet zum Sinn des menschlichen Lebens in der Welt macht. Das Dasein wird als Mühe und vergebliche Suche nach dem Glück beschrieben, die Welt gilt als Rätsel, die Existenz als Krise und Gott in weite Ferne gerückt.[75] In diesem Sinne können auch die beiden folgenden Verse gelesen werden, die der Illustrator aufgreift und verkürzt dem vierten Bild (Farbabb. 15, S. 133) an die Seite stellt: עשיתי לי גנות ברכות מים – »Ich machte mir Gärten [...] Teiche des Wassers« (Prediger 2,5 und 6). Das kleine Landschaftsbild greift alle Elemente der zwei Verse auf und vervollständigt mit der Darstellung von Bäumen, dem Gewässer am Fuße der Berge, einer Brücke sowie einem halb versteckten Gebäude die am Beginn von Prediger 2 gezeichnete Kulturlandschaft als Zeichen der Vergeblichkeit menschlichen Tuns. Die nächste Abbildung (Farbabb. 17, S. 134) zeigt eine Gruppe von Frauen in bunten Kleidern, die den Vers לב כסילים בבית שמחה – »Das Herz der Narren ist im Haus der Freude« (Prediger 7,4) – illustrieren soll. Auch hier steht die pessimistische Grundhaltung des Buches im Vordergrund, wonach die Sehnsucht des Menschen nach Freude, Genuss und Wissen als fruchtloses Streben nach vergänglichem Glück gebrandmarkt wird. Diesem Schicksal der Vergeblichkeit kann kein Mensch aus eigener Kraft entfliehen, wie der Spruch אין משלכת במלחמה – »Es gibt kein Entkommen im Krieg« (Prediger 8,8) – mahnt und vom Illustrator der Rolle in einem sechsten Bild (Farbabb. 19, S. 135) mit der Darstellung eines Kriegsschauplatzes vor Augen geführt ist. Doch trotz der Eitelkeit des Lebens ruft das Buch Prediger dazu auf, das Leben zu schätzen. In Bild sieben (Farbabb. 21, S. 136) ist dieses »carpe diem«-Motiv mit der Erkenntnis טוב כלב חי מן האריה המת – »Ein lebendiger Hund ist besser als ein toter Löwe« (Prediger 9,4) – aufgegriffen und durch die Gegenüberstellung von Leben und Tod respektive Hund und Löwe dargestellt. Auf der achten Miniatur (Farbabb. 23, S. 137) ist eine Musikszene zu sehen. Ein Geigenspieler und ein Sänger geben etwas zum Besten, doch ein festlich in blaue Gewänder gehüllter Mann und eine ebenfalls schön gekleidete Frau scheinen sich von dem Duo abzuwenden. Das Bild ist mit einem Spruch unterschrieben, der nicht dem Buch Prediger und auch keinem anderen biblischen Text entnommen ist: שנאתי קול השיר וקול נבל – »Ich hasste die Stimme des Liedes und die Stimme der Schande«. Wahrscheinlich interpretiert der Illustrator mit dieser Darstellung den in Prediger 9–12 beklagten Widerspruch von Jugend und Tod, Freude und Eitelkeit, Lebenslust und Weisheit. Bild neun (Farbabb. 25, S. 138) bezieht sich wieder direkt auf einen Weisheitsspruch

---

75 Vgl. MARKUS WITTE: Art. »Prediger/Predigerbuch«, in: WiBiLex. Das wissenschaftliche Bibellexikon im Internet, hrsg. von MICHAELA BAUKS und KLAUS KOENEN, https://www.bibelwissenschaft.de/stichwort/31168/, letzter Zugriff: 21.10.2020.

des Buches, wo es heisst: שלח לחמך על פני המים כי ברב הימים תמצאנו –»Lasse dein Brot auf dem Wasser fahren, denn du wirst es wiederfinden nach langer Zeit« (Prediger 11,1) (Farbabb. 26, S. 138). Auch das letzte Bild nimmt einen Vers und übersetzt diesen direkt ins Bildliche: וכותב ישר דברי אמת – »Und er schrieb recht die Worte der Wahrheit« (Prediger 12,10).

Bei näherer Betrachtung der Farbminiaturen lässt sich jedoch noch eine weitere Entdeckung machen, die ein interessantes Licht auf die Genese dieser Handschrift wirft. Auf einigen Abbildungen der *Megillat Kohelet* scheinen kaum sichtbar die Fragmente eines zweiten Bildes durch die Wasserfarbe ins Auge des Betrachters. In manchen Fällen verbinden sich die dunklen Schraffuren aus dem Hintergrund mit den Malereien und könnten so als Skizze des Bildes wahrgenommen werden. Doch andere Abbildungen lassen keinen Zweifel daran, dass hier die ursprünglichen Kupferstiche einer Ester-Rolle übermalt wurden. Das kann besonders deutlich an Bild sieben, auf dem Hund und Löwe dargestellt sind, nachvollzogen werden. Auf dem hellen Hintergrund der Häuserwand zeichnen sich zwei Figuren ab, deren Hände ein Buch im Zentrum (unter dem Fenster) umfassen. Tatsächlich handelt es sich hier um die Szene »Mordechai mit einem offenen Buch vor Haman« (Farbabb. 22, S. 136), die in den überlieferten Ester-Rollen mit den gleichen Kupferstichbordüren fester Bestandteil des Bildprogramms sind (vgl. die Ausführungen von Dagmara Budzioch zu den Ester-Rollen). Auch in Bild fünf sind die Kupferstiche nur mit Mühe überdeckt. Über der Frauengruppe zeigen sich »Bigtam und Teresch am Galgen hängend« (Farbabb. 18, S. 134), wobei der dunkle Schatten des Galgens zu Füßen der Frauen ihre Kleider durchdringt. Die Farbe in Bild vier ist stellenweise abgeblättert und gibt den Blick auf »Königin Ester mit dem Zepter« frei (Farbabb. 16, S. 133), das ebenso Teil der Kupferstichreihe der *Megillot Ester* ist wie der Kupferstich »Die Königin Ester vor dem Hause des Haman«, der auf Bild neun klar hervortritt. (Dieser Kupferstich fehlt in der New Yorker Ester-Rolle). Im hellblauen Himmel über der Landschaft drücken sich auf der linken Seite die dunklen Umrisse eines hohen Gebäudes durch, vor dem sich auf der rechten Seite, über der Figur vor dem Gewässer, die Gestalt der Ester abzeichnet. Auch in Bild drei bröckelt die Farbe über dem Kupferstich und bringt links unten die Füße des Königs Ahasveros zum Vorschein, der Haman einen Ring überreicht, dessen Beine wiederum unter dem schwarzen Gewandt des Herrn rechts am Tisch hervorlugen (Farbabb. 14, S. 132). Der Kopf des Königs ist dagegen im Kriegsgewühl auf Bild sechs zu finden. Hier handelt es sich wahrscheinlich um einen fragmentarischen Einblick in die Kupferstichszene »Der König Ahasveros, dem Mordechai einen Ring überreichend« (Farbabb. 20, S. 135). Besser überdeckt ist der Thron der Ester, vor dem Haman kniet, um bei der Königin Gnade für sich zu erflehen. Doch der dunkle Faltenwurf des königlichen Kleides stört nur zu deutlich den fließenden

Fall des Stoffes im Rock der jungen Frau im Vordergrund des achten Bildes (Farbabb. 24, S. 137). Der Kupferstich in Bild zehn, wo der Schreiber kaum die »Königin Ester, einen Purimbrief schreibend« verdeckt, ist dagegen perfekt in das Bild eingebunden; abgesehen von Hut, Kragen und Farbe des Gewandes ist die Komposition des Kupferstiches nur geringfügig verändert und nun Teil eines gänzlich anderen Geschehens geworden (Farbabb. 27, S. 138). Bei den ursprünglich übermalten Schraffuren zu Füßen des Königs Salomon auf Bild eins könnte es sich um den Boden handeln, auf dem »eine Gruppe von sieben Mädchen oder Esters Mägde« stehen (Farbabb. 10, S. 130). Auf Bild zwei ist auf dem abgeblätterten Bereich mit einiger Mühe eventuell der Kupferstich »König Ahasveros mit einem Zepter« zu erkennen (Farbabb. 12, S. 131).

Die ursprüngliche Ester-Rolle hätte dementsprechend die bekannten Szenen in folgender Reihenfolge gedruckt:
1) Eine Gruppe von sieben Mädchen oder Esters Mägden;
2) König Ahasveros mit einem Zepter;
3) Der König, dem Mordechai/Haman einen Ring überreichend;
4) Königin Ester mit einem Zepter;
5) Bigtan und Teresch, an einem Galgen hängend;
6) Der König, dem Haman einen Ring gebend;
7) Mordechai mit einem offenen Buch vor Haman;
8) Haman, die Königin Ester um Gnade bittend;
9) Königin Ester vor dem Haus des Haman;
10) Königin Ester, einen Purimbrief schreibend.

Dagmara Budzioch weist in ihrem Beitrag auf die unterschiedlichen Reihenfolgen der Erzählszenen sowie das Fehlen einzelner Szenen in der Überlieferungstradition der Ester-Rollen hin.

Die Wolfenbütteler *Megillat Kohelet* ist demzufolge auf den Blättern einer für das Buch Ester konzipierten Rolle geschrieben. Diese Tatsache schärft den Blick auf die Genese der Handschrift in mehrfacher Hinsicht. Sie bestätigt zunächst einmal die weiter oben bereits erwähnte Feststellung, dass die Rollen zuerst mit Kupferstichen illuminiert und erst dann beschrieben wurden. Dem Schreiber oder der Schreiberin war es möglich, bereits illuminierte und für diese spezielle Textsorte vorbereitete Pergamentblätter zu erwerben. In Anbetracht der Tatsache, dass abgesehen von den Wolfenbütteler *Megillot Rut* und *Kohelet* ausschließlich Ester-Rollen mit diesen Kupferstichbordüren überliefert sind, ist es wahrscheinlich, dass die meisten vorbereiteten Beschreibstoffe zum Schreiben von Ester-Rollen hergestellt wurden. Doch die Wolfenbütteler *Megillat Rut*, in der noch keine Szenen aus dem Buch Ester platziert waren, bezeugt, dass auch Blätter mit neutraler Illuminierung im Umlauf waren. In jedem Fall sind diese beiden illuminierten hebräischen Schriftrollen der Herzog August Bibliothek Raritäten, die auf wenig erforschte Wege der hebräischen Handschriftentradition führen.

6.3 Die Kupferstiche der *Megillot Rut* und *Kohelet*
von AD STIJNMAN

Die Wolfenbütteler *Megillat Rut* besteht aus zwei, die *Megillat Kohelet* aus vier zusammengenähten Pergamentblättern etwa gleichen Formats. Alle sechs Blätter sind – wie auch die der weiter unten von Dagmara Budzioch beschriebenen Ester-Rollen in anderen Sammlungen – mit der gleichen Kupferplatte auf Pergament gedruckt worden, d. h., dass die Verzierungen in allen Drucken bis in den kleinsten Details der Darstellungen und Ornamente gleich sind.

Auf jedem Pergamentblatt können – charakteristisch für Tiefdruck – mit Streiflicht die eingeprägten Ränder der Kupferplatten rundherum sichtbar gemacht werden. Das Vorhandensein bestimmter Merkmale von Radier- und Kupferstichtechniken spricht für die Annahme, dass die Blätter mit einer zunächst radierten und danach gestochenen Platte bedruckt wurden.[76] Typisch für eine Radierung sind die leicht welligen, skizzenhaft gezeichneten Linien, die an beiden Enden eher rund sind (Abb. 95). Bisweilen findet man Spuren des beim Ätzen im Säurebad durchgebrochenen Radiergrunds. Gestochene Linien sind dagegen meist gerade oder regelmäßig gebogen, haben eine schwellende Taille und wurden für die Schraffierungen benutzt (Abb. 96). Darüber hinaus zeichnen sich gestochene Linien durch beidseitig spitze Enden oder durch ein spitzes und ein eckiges Ende aus. In den Details der Darstellungen findet man dünne Kaltnadellinien, wo der Kupferstecher die Umrisslinien der Darstellungen erst mit einer spitzen Nadel direkt – aber ganz leicht – in das Kupfer als Hilfslinien zum weiteren Stechen mit dem Grabstichel eingekratzt hat (Abb. 97).[77] Es spricht dementsprechend einiges dafür, dass der Stecher zunächst die Linien der Halbfiguren und Landschaften gezeichnet und radiert und erst dann die Umrisslinien weiterer Details in die Platte gekratzt und ihre Linien und Schraffuren gestochen hat – eine damals übliche Arbeitsweise.

Darüber hinaus sind sogenannte Druckfalten festzustellen. Zum Drucken wurde das Pergament mit etwas Wasser angefeuchtet bis es geschmeidig und zum Drucken vorbereitet war.[78] Wenn die eingefärbte Platte mit dem

---

76 Kombinationen von Radier- und Kupferstichtechniken sind ab 1520 üblich.
77 Bekannt als *pentimenti*; AD STIJNMAN: Engraving and Etching 1400–2000. A History of the Development of Manual Intaglio Printmaking Processes, London 2012, S. 155, 1. Spalte und S. 156, 1. Spalte.
78 Ebd., S. 264.

6. Die illuminierten *Megillot Rut* und *Kohelet*

Abb. 95:
»Megillat Rut«,
HAB: Cod. Guelf. 192
Noviss. 2°, Bl. 2 (Ausschnitt):
Gebäude und Landschaft
sind radiert; siehe die locker
gezeichneten Linien
der Landschaft

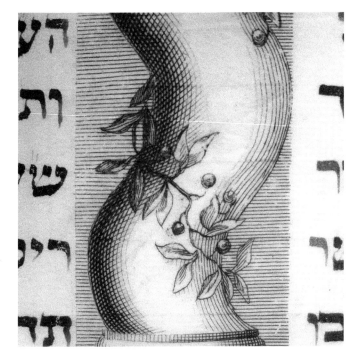

Abb. 96:
»Megillat Rut« (s. Abb. 95):
die Umrisslinien der Säule
und die Schraffierung der
rechten Seite sind radiert, siehe
die etwas welligen Linien;
die Schraffierung der linken
Seite ist gestochen, siehe die
schwellende Taille der Linien

6.3 Die Kupferstiche der *Megillot Rut* und *Kohelet*

Abb. 97:
»Megillat Rut« (s. Abb. 95):
die ganz dünnen Umrisslinien
der Schatten der Blätter
wurden vor dem Stechen mit
einer Nadel eingekratzt

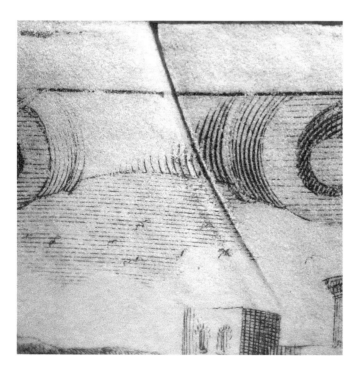

Abb. 98:
»Megillat Rut« (s. Abb. 95):
Druckfalte, siehe den
ungedruckten Teil der
Innenseite der Falte

feuchten Pergamentblatt obendrauf durch die Kupferdruckpresse geführt wurde, wurde für die Herstellung des Abdrucks das Pergament in die gestochenen Vertiefungen der Platte gepresst. Das Blatt dehnte sich wegen des hohen Druckes auch aus und konnte dabei wellig werden. Eine solche Welle wurde während des Druckvorgangs durch die Presse teilweise nach oben und teilweise nach unten zu einer Falte gedrückt. Eine Druckfalte ist dicker als das Blatt rundherum, leicht gebogen und mit einer blanken Innenseite versehen (Abb. 98).

Bemerkenswert mit Blick auf die Wolfenbütteler Rollen ist, dass die Kupferplatte für die *Megillat Rut* blau (Farbabb. 28, S. 139) – wahrscheinlich Indigo – und für die *Megillat Kohelet* schwarz (Farbabb. 29, S. 139) eingefärbt wurde. Schwarz war die gewöhnliche Farbe für Kupferstiche und Radierungen. Doch es gibt Schätzungen, wonach 1–2 % aller frühmodernen Tiefdruckblätter einfarbig in Blau, Braun, Grün, Rot oder, seltener, in einer anderen Farbe gedruckt worden sind.[79] Dazu kommt noch ein kleiner Prozentsatz mehrfarbiger Drucke. Die beliebten bunten Drucke waren häufig an der Wand dem direkten Licht ausgesetzt, wie die oftmals verblasst überlieferten Farbdrucke bezeugen. Nur wenn sie im Dunkeln, beispielsweise in einem Buch oder in einer Rolle, aufbewahrt wurden, behielt die Farbe ihre Strahlkraft – wie die Stiche der Wolfenbütteler *Megillat Rut* erahnen lassen.

Jedes Blatt enthält vier Text-Kolumnen zwischen fünf gedruckten vertikalen Säulen und horizontalen Randbordüren über und unter dem Schriftspiegel. Links und rechts sind immer nur halbe Säulen abgebildet, die jedoch, wenn zwei Blätter an den Plattenrändern gefaltet und dort zusammengenäht wurden, wieder eine vollständige Säule bilden (Abb. 99). Bei Streiflicht sind außerdem rechteckige, gut sichtbare, doch oberflächliche Einprägungen genau an den Rändern des Schriftspiegels zu sehen (Abb. 100); manchmal überlappen sie die gedruckten Linien. Diese Überlappungen können dahingehend interpretiert werden, dass der Drucker vor dem Druckvorgang die Leerstellen auf der Platte zwischen den Säulen und Randbordüren mit entsprechend großen Papierstreifen bedeckt hat. Es sind auch kleine Unterschiede im Farbton zwischen den Ausschnitten und dem Rest des Abdruckes sichtbar. Das lässt sich so erklären, dass der Drucker beim Wischen der Druckfarbe von der Oberfläche der Kupferplatte immer einen Hauch Druckfarbe zurückließ, der in dem Abdruck als eine leichte Graustufe, einen sogenannten Lappenton sichtbar ist. Die Ausschnitte sind jedoch blanko geblieben, sie weisen nur die Farbe des Pergaments auf. Diese Spuren führen zu der Annahme, dass die Rollen zum Beschreiben hergestellt wurden. Dass der Drucker zum Abdecken des Schriftspiegels Papierstreifen und keine Pergamentstreifen benutzt hat, kann aus der Tatsache abgelesen werden,

---

79 STIJNMAN: Engraving and Etching (s. Anm. 77), S. 341–369.

dass innerhalb der rechteckigen Einprägungen der Streifenränder bei Streiflicht die eingeprägten (horizontalen) Rippen und Knoten des Büttenpapiers noch sichtbar sind.

An beiden Wolfenbütteler Rollen kann gut nachvollzogen werden, dass die Stellen oberhalb der Säulen, dort, wo ein Blumenstrauß gestochen ist (Abb. 101), ebenfalls beim Druckvorgang abgedeckt waren – doch nicht von Papierstreifen, sondern von Kupferplättchen mit den entsprechenden figürlichen Darstellungen (vgl. die Beschreibung der Bildprogramme in den Abschnitten 6.1, 6,2 und 7). Technisch wurde das bewerkstelligt, indem der Stecher eine weitere Reihe von kleinen Kupferplatten mit historisierenden Darstellungen gestochen hat, die dann vor dem Druckgang beliebig auf die größere Kupferplatte gelegt werden konnten.[80] Diese Vorgehensweise zeigt sich am klarsten auf den Rückseiten der Blätter. Man sieht dort die leichten Einprägungen der Papierstreifen für die Text-Kolumnen; die Einprägungen für die figürlichen Darstellungen sind jedoch viel kräftiger (Abb. 102). In Zusammenhang mit der Blindlinierung und dem Rollen-Format kann abschließend festgestellt werden, dass der Kupferstecher seine Platte gezielt zum Schreiben von jüdischen Textrollen gestaltet hat. Dabei deckte der Drucker – wenn er nicht der Stecher selbst war – für die Planung der zu schreibenden Texte bestimmte gestochene Teile ab und tauschte je nach Text vor dem Druckgang die Kupferplättchen aus. Im Falle der *Megillat Kohelet* übermalte der Schreiber oder die Schreiberin diese Abbildungen dann wieder (vgl. die Ausführungen von Annett Martini zur *Megillat Kohelet*).

---

80 STIJNMAN: Engraving and Etching (s. Anm. 77), S. 355, 1. Spalte.

104　　　6. Die illuminierten *Megillot Rut* und *Kohelet*

Abb. 99:
»Megillat Kohelet«,
HAB: Cod. Guelf. 193
Noviss. 2°, Bl. 3/4
(Ausschnitt): zwei zu-
sammengenähte Teile
bilden eine Darstellung

Abb. 100:
»Megillat Kohelet«
(s. Abb. 99): mit
Streiflicht von unten,
Einprägung eines
Papierblattes in der Ecke
des Schriftspiegels;
siehe das kleine Eselsohr
des Papierblattes

6.3 Die Kupferstiche der *Megillot Rut* und *Kohelet*

Abb. 101:
»Megillat Kohelet« (s. Abb. 99): nicht abgedeckter Blumenstrauß auf einer Säule stehend; siehe die Randbordüre links, die von einem Streifen Papier überlappt wurde

Abb. 102:
»Megillat Rut« (s. Abb. 95): Verso-Seite mit Streiflicht von links unten; siehe in der Mitte die kräftige Einprägung eines Kupferplättchen, rechts die leichtere Einprägung eines Papierstreifens

7. Verzierte Ester-Rollen – illustriert von dem Prager Kupferstecher Philipp Jakob Franck
von DAGMARA BUDZIOCH

Nach aktuellem Forschungsstand ist eine eindeutige Aussage darüber, wann die ersten verzierten Ester-Rollen erschienen sind, nicht möglich. Die frühesten bekannten Beispiele unverzierter Manuskripte dieser Art stammen aus dem 14. und 15. Jahrhundert und es ist unwahrscheinlich, dass es in dieser Epoche bereits Exemplare gab, die Illuminierungen aufweisen. Die ersten dekorierten Manuskripte dieser Art entstanden erst in der zweiten Hälfte des 16. Jahrhunderts.[81] Von dieser Periode an bis in die ersten Dekaden des folgenden Jahrhunderts sind nur einige wenige Zeugnisse von illustrierten *Megillot* erhalten.[82] Erst in den folgenden Jahrzehnten wuchs ihre Popularität stetig, um im 18. Jahrhundert einen Höhepunkt zu erreichen. Diesen Trend führten unangefochten die Schreibwerkstätten in den Städten des Nordteils der Apenninenhalbinsel an, wo nicht nur die zahlreichsten, sondern auch die prachtvollsten *Megillot* hergestellt wurden. Ein anderer Ort von großer Bedeutung für die Herstellung illuminierter Schriftrollen war Holland, insbesondere Amsterdam, während in Deutschland und in den Städten Mitteleuropas, wie beispielsweise in Wien und in Prag, eine weitaus geringere Anzahl an Manuskripten zu verzeichnen ist.

In diesem Beitrag sollen die Ester-Rollen vorgestellt werden, die dieselben Kupferstichbordüren wie die beiden *Megillot* in Wolfenbüttel (Megillat Rut, HAB: Cod. Guelf. 192 Noviss. 2 und Megillat Kohelet, HAB: Cod. Guelf. 193 Noviss. 2) aufweisen. Nach heutigem Wissensstand werden in Sammlungen verschiedener Museen als auch in einer Kollektion in privatem Besitz mindestens 15 Zeugnisse von Ester-Rollen[83] auf Pergament aufbewahrt, die mit

---

81 Die erste datierte Ester-Rolle mit Verzierungen stammt aus dem Jahr 1564 und wurde von Stellina bat Menaḥem hergestellt: BCM 102, Braginsky Collection (im Folgenden: BC), Zürich.
82 Das sind Rollen, die mit gravierten Bordüren illustriert und ca. 1570 von Andrea Marelli signiert wurden: Or. 13028, British Library, London; 1, KL, HUC, Cincinnati; eine private Sammlung. Siehe EVA FROJMOVIC: The »Perfect Scribe« and an Early Engraved Esther Scroll, in: The British Library Journal 23 (1997), S. 68–80. Es gibt auch drei Rollen, die von Mosche ben Abraham Pescarolo in der zweiten Dekade des 17. Jahrhunderts in Ferrara hergestellt wurden. Siehe z. B. DAGMARA BUDZIOCH: Italian Origins of the Decorated Scrolls of Esther, in: Kwartalnik Historii Żydów [Jewish History Quarterly], 257/1 (2016), S. 35–49.
83 JM 304 und C 1981.4.13.2, Jewish Museum, London; Ms F 837, Jewish Museum, New York; S47, Library of the Jewish Theological Seminary, New York; Inv. No. JMP 178.392, Židovské Muzeum, Prag; BCM 36, BC, Zürich; Bilder dieser Rollen können eingesehen werden: Zürich, Braginsky Collection, S36: Megillah Esther (מגילת אסתר)/Esther scroll (https://www.e-codices.unifr.ch/en/list/one/bc/s-0036; letzter Zugriff 18.11.2020). 64.2218, Magyar Zsidó Múzeum és Levéltár, Budapest; zwei weitere Exemplare sind im Auktionshaus Sotheby's verkauft worden: 2009 (A Magnificent Illustrated Esther Scroll [Prague ca. 1700], lot 169: http://www.sothebys.com, letzter Zugriff: 14.12.2018) und 2015 (A Magnificent Illustrated Esther Scroll, [Prague: ca. 1700], lot 24: http://www.sothebys.com, letzter

Abb. 103: Eröffnungsszene aus der Dekoration einer Ester-Rolle, die von Philipp Jakob Franck hergestellt wurde, JM New York: Ms F 837, Bl. 1

narrativen Szenen des Prager Künstlers Franck verziert und mit denselben Schmuckbordüren wie die Wolfenbütteler *Megillot Rut* und *Kohelet* ausgestattet sind.

Die hier zu besprechenden Ester-Rollen beginnen mit einer Tafel von ca. 70 mm Breite, die für die weitere Diskussion dieser Handschriftengruppe von zentraler Bedeutung ist. Sie besteht aus einer Kartusche mit einer von zwei stehenden Engeln gestützten Krone sowie drei untereinander platzierten Szenen[84], die direkt auf das Buch Ester anspielen (Abb. 103):

1. Der thronende König Ahasveros und der Triumph des Mordechai, der im Hintergrund dargestellt ist (Ester 6,11);
2. Mordechai vor Hatach kniend, in dem Moment, als dieser ihm eine Kopie des Dekrets gegen die Juden gab (Ester 4,8);
3. Die schlaflose Nacht des Königs vor dem Hintergrund des königlichen Gartens mit Brunnen (Ester 6,1).

Unter den zwei ersten Erzählszenen befinden sich verlängerte Kartuschen und in die dritte Szene ist ein Band hineinkomponiert[85], in denen die Schreiber hebräische Unterschriften setzen konnten. Deren Wortlaut ist jedoch nicht in allen überlieferten Exemplaren gleich.[86] Besondere Erwähnung verdient

---

Zugriff: 14.12.2018). Eine weitere Rolle, die Teil der Gross Family Collection (081.012.044) war, wurde 2003 aus dem Beit Hatfutsot Museum in Tel Aviv gestohlen. (Hilfe erbeten: Judaica Diebstahl: http://www.judentum.net, letzter Zugriff: 14.12.2018). Es gibt einige weitere Exemplare in privaten Sammlungen.

84 Die von den Engeln gestützte Kartusche und die letzte Szene haben die Maße ca. 45 × 70 mm, die zwei mittleren sind größer und messen 103 × 70 mm.

85 Diese Szene wird nicht immer von einer Unterschrift begleitet.

86 Die erste Bildszene wurde beispielsweise in der Rolle C 1981. 4.13.2 mit: הוא אחשורוש המלך מהדו עד כוש [»Achaschwe-

7. Verzierte Ester-Rollen

Abb. 104:
Die Signatur des Kupferstechers Philipp Jakob Franck, JM New York: Ms F 837, Bl. 1

die Tatsache, dass in der zweiten der Erzählszenen der Kupferstecher seine Unterschrift abgedruckt hat. In der linken unteren Ecke, auf dem karierten Boden kann die kurze lateinische Formel »Franck fec: Prag«[87] – »hergestellt von Franck [in] Prag« – gelesen werden (Abb. 104).

Diese kleine Notiz ist erwähnenswert, da die meisten dekorierten Ester-Rollen kein Kolophon enthalten und Informationen über ihre Herkunft gewöhnlich aus ihren materialen Eigenschaften, der Handschrift und ihrer Dekoration abgeleitet werden kann. Der Künstler fügte weder seinen Vornamen noch die Initialen seines Namens hinzu und es bereitete einige Schwierigkeiten festzustellen, um welchen »Franck« es sich hier handelte. Doch dank der Erwähnung Prags kann angenommen werden, dass diese Kupferstiche von Philipp Jakob Franck (oder Frank),[88] der dort in der ersten Dekade des 18. Jahrhunderts und möglicherweise noch einige Jahre länger aktiv war, realisiert wurden.

    rosch, der herrschte von Indien bis Äthiopien«] unterschrieben, während man in der Rolle JM, New York, Ms F 837 nur abgekürzt: המלך מהדו עד כוש [»der herrschte von Indien bis Äthiopien«] lesen kann.

87 Von den mir bekannten Rollen wurde dieses Detail nur in der Rolle BCM 36, BC, Zürich nicht gefunden. Aus unbekannten Gründen wurde in dieser Rolle die Anfangsverzierung nicht gedruckt, sondern eine Imitation derselben per Hand zu einem späteren Zeitpunkt hinzugefügt.

88 Diese beiden Namen sind nur von PETR VOIT in: Encyklopedie knihy (http://www.encyklopedieknihy.cz/index.php/Philipp_Jakob_Franck, letzter Zugriff: 08.01.2019) erwähnt, auf Grundlage von: PROKOP TOMAN: Nový slovník československých výtvarných umělců. Sv. 1–2 (in: Neues Wörterbuch tschechoslowakischer bildender Künstler), Prag 1947–1950 (Nachdr. Ostrava 1993). Es ist erwähnenswert, dass in der Literatur zwei weitere Namen gefunden werden können. Die Beschreibungen der beiden Rollen bei Sotheby's (s. Anm. 81), die mit den narrativen Szenen von Franck gestochen sind, geben ihm den Vornamen »Paul Jean«. Dieselben Namen erscheinen in EVELYN M. COHEN, EMILE SCHRIJVER, SHARON MINTZ (Hrsg.): A Journey through Jewish Worlds: Highlights from the Braginsky Collection of Hebrew Manuscripts and Printed Books, Amsterdam 2009, S. 266 f. In umgekehrter Reihenfolge tauchen sie in der Beschreibung der nun leider gestohlenen Rolle im Katalog der Gross Family Collection auf (http://www.judentum.net/museum/diebstahl.htm, letzter Zugriff: 14.12.2018). Doch ein Kupferstecher Franck mit diesen Vornamen ist in keinem Lexikon, das mir bekannt ist, erwähnt. Im Kartenkatalog des Jüdischen Museums in Prag, den ich 2009 eingesehen habe, erscheinen die Initialen »[J.I.]« und die Schreibweise Frank. Dieselben Buchstaben (auch in eckigen Klammern) benutzte OLGA SIXTOVÁ in dem Buch O svitku/Form of the Scroll (katalog k výstavě konané v Galerii Roberta Guttmanna Židovského muzea v Praze od 22. června do 26. července 2006), Prag 2006, S. 36.

Informationen über diesen Künstler sind spärlich.[89] Meines Wissens gibt ausschließlich die tschechische *Encyclopedie knihy* einige Details über sein Leben preis.[90] Danach kam er ursprünglich aus Augsburg und »könnte hypothetisch aus der Familie des Augsburger Künstlers Hans Ulrich Franck (1603–1680) und dessen Söhne Johann (vor 1627) und Franz Friedrich (1627–1687) abstammen«. Später ließ er sich in Prag nieder, wo er 1696 heiratete. Der Lexikoneintrag erwähnt auch, dass Franck verschiedene Signaturen benutzte, die selbst in ein und derselben Arbeit entdeckt werden können: »F. Franck«, »J. Franck«, »P. Franck« und »Franck fecit« – letztere ist beinahe identisch mit der Signatur, die in den hier diskutierten Ester-Rollen zu finden ist. Wir wissen auch, dass er mit Anton Franz Brechler[91] (ca. 1666–1732)[92] kooperierte. Dieser ist als Schöpfer religiöser Graphiken bekannt, der verschiedene Darstellungen von Jesus, Maria und von Heiligen (z. B. Thomas von Aquin, Franz Xaver) sowie Frontispize herstellte.[93] Daraus kann abgeleitet werden, dass er ein Christ war, und es ist derzeit nicht zu sagen, wann und weshalb er sich entschied, verschiedene Szenen der Ester-Geschichte zu stechen und, ob er die Szenen nur entworfen oder auch gestochen hat.[94] Die erwähnte Notiz von

---

89 Der Kupferstecher »P. J. Fran(c)k« ist nur in einigen wenigen Lexika erwähnt. Die früheste Erwähnung mit dem Eintrag »Franck, P. J.« stammt von JAN B. DLABAČ in: Allgemeines historisches Künstler-Lexikon für Böhmen und zum Theil auch für Mähren und Schlesien, Prag 1815, col. 422 (einsehbar: https://archive.org, letzter Zugriff: 03.01.2019), wo die Arbeiten, die von diesem Künstler gestochen wurden, aufgezählt sind. Dlabač führt auch die unterschiedlichen Signaturen an, von denen nur eine die Initialen beider Vornamen enthält: »J. Franck Pragae sculp. f.«, »P. Franck sculp.«, »P. J. Franck fec.«, »J. Franck sculpsit«. Hier ist auch Francks Kooperation mit Franz Prechler (sic!) erwähnt (Vgl. DLABAČ: Art. »Prechler, Franz«, in: Allgemeines historisches Künstler-Lexikon für Böhmen und zum Theil auch für Mähren und Schlesien, Prag 1815, cols. 503–505; einsehbar: https://archive.org, letzter Zugriff: 03.01.2019). Franck ist auch in einem Artikel von Franz Tschischka erwähnt, der allerdings nur feststellt, dass Frank (sic!) als Kupferstecher in Prag um 1700 wirkte. (FRANZ TSCHISCHKA: Kunst und Alterthum in dem österreichischen Kaiserstaate, Wien 1836, S. 357). Eine weitere Erwähnung findet Franck in EMANUEL BÉNÉZIT, JACQUES BUSSE: Dictionnaire des peintres, sculpteurs, dessinateurs et graveurs: de tous les temps et de tous les pays, Paris ⁴1999, Bd. 4, S. 491), doch dieser biographische Eintrag besteht aus nur zwei Sätzen: »Franck (P.-J.), graveur à Prague vers 1700 [...] Il grava des images de saintes et quelques frontispices«. In der Rezension von Alexander Marx (Hebrew Manuscripts in Austria, in: The Jewish Quarterly Review 24/1 [1933], S. 75) ist der »Kupferstecher Frank« ohne Vornamen oder Initialen genannt.
90 Art. »Philipp Jakob Franck« s. http://www.encyklopedieknihy.cz, letzter Zugriff: 08.01.2019.
91 Andere Schreibweisen des Namens sind Frantz Prechler, František Brechler, František Pröchler.
92 DLABAČ: Allgemeines historisches Künstler-Lexikon für Böhmen und zum Theil auch für Mähren und Schlesien, col. 422; Art. »Anton Franz Brechler« s. http://www.encyklopedieknihy.cz, letzter Zugriff: 08.01.2019.
93 Ebd.
94 Christliche Künstler und Handwerker sind seit dem Mittelalter in die Produktion von jüdischen Handschriften involviert.

7. Verzierte Ester-Rollen

Abb. 105: Die Schlussdekoration der Ester-Rollen, die möglicherweise von Philipp Jakob Franck gestochen wurden, JM New York: Ms F 837, Bl. 4

Franck verdient unsere Aufmerksamkeit – auch wenn sie nur eine Spur zur Entstehungsgeschichte der hier zu besprechenden Schriftrollengruppe darstellt. Aufgrund dieses Hinweises des Künstlers können wir davon ausgehen, dass die narrativen Szenen am Anfang und am Ende dieser Rollen aber auch die kleinen figürlichen Szenen und Blumenvasen mit Metallplatten gedruckt wurden, die Franck in Prag um 1700 gestochen hat. Die Drucke am Ende der Rollen sind zwar nicht signiert, doch Stil und Komposition gleicht den narrativen Szenen, die am Anfang der Rollen abgebildet sind.

Das Kompositionsschema der Ester-Rollen schließt mit vier Erzählszenen am Ende der Rollen, die untereinander platziert sind (Abb. 105). Dieser Teil der Rollen wurde ebenfalls mit einer separaten Platte mit denselben Maßen wie die Eröffnungsszenen gedruckt. Von oben nach unten betrachtet sind das folgende Motive:

1) Festmahl, höchstwahrscheinlich anlässlich des Sieges der Juden über die Feinde (Ester 9,17 oder 18);
2) Festmahl, ausgerichtet von der Königin Ester für den König Ahasveros (Ester 7,1), im Hintergrund der Galgen sichtbar ist, der von Haman für Mordechai vorbereitet wurde (Ester 5,14);
3) Königin Ester kniend vor dem König Ahasveros, der ihr ein Zepter entgegenhält und der vor dem König kniende Mordechai, der den Ring Hamans überreicht bekommt (Ester 8,2 und 4);
4) Mordechai einen Brief schreibend (Ester 9,29–30).

Diese Szenen – ausgenommen die erste – werden von Kartuschen begleitet, in welche die Schreiber ihre Untertitel setzten.

Darüber hinaus sind die einzelnen Textkolumnen in den Ester-Rollen durch gewundene Säulen ge-

trennt, über die der Künstler Blumenvasen[95], Helden der Purimgeschichte und vereinzelte Szenen platziert hat, die sich an das Buch Ester anlehnen:
1) König Ahasveros mit einem Zepter;
2) Königin Ester mit einem Zepter;
3) Bigtan und Teresch an einem Galgen hängend (Ester 2,23);
4) Eine Gruppe von sieben Mädchen oder Esters Mägden (Ester 2,9);
5) Der König dem Haman einen Ring überreichend (Ester 3,10);
6) Mordechai mit einem offenen Buch vor Haman;
7) Mordechai auf einem Pferd (Ester 6,11);
8) Der König dem Mordechai einen Ring überreichend (Ester 8,2);
9) Haman die Ester um Gnade bittend (Ester 7,7 – 8);
10) Königin Ester vor dem Haus Hamans (Ester 8,1);
11) Königin Ester einen Purimbrief schreibend (Ester 9,29) (vgl. Farbabb. 10, 12, 14, 16, 18, 20, 22, 24 und 27).

Einige von diesen Abbildungen haben die Schreiber mit entsprechenden, in einer halbkursiven Schrift gehaltenen Untertiteln versehen. Diese schmalen Bilder sind mit weiteren Metallplatten gedruckt (einige von ihnen sind etwas schräg), die möglicherweise auch von Franck hergestellt wurden. Der derzeitige Kenntnisstand erlaubt jedoch keine sichere Aussage darüber, ob die komplexen Kupferstichbordüren mit den Landschaften, aufwendigen Akanthusblättern, Büsten und Vögeln ebenfalls von ihm entworfen wurden, zumal er seine eigene Unterschrift gerade in jenen Teil platzierte, der mit Leichtigkeit von der Rolle abgetrennt werden könnte.

Ein näherer Blick auf die hier zu besprechenden Rollen Ester, Rut und Prediger erlaubt weitere Rückschlüsse auf ihre Herstellung. Zunächst ist festzustellen, dass nur die Ester-Rollen die oben beschriebene Verzierung in Form eigener Bildtafeln noch vor dem eigentlichen Text enthalten. Die beiden Wolfenbütteler Manuskripte weisen dagegen gar keine sichtbaren Kupferstiche auf, die sich auf den Text der biblischen Bücher beziehen. Vielleicht hat zum Druck dieser anfänglichen Bildszenen in den Ester-Rollen eine eigene Kupferplatte gedient, was unter anderem der eindeutige aber auch unregelmäßige Abstand zwischen diesen Abbildungen und der Bordüre entlang des oberen und unteren Randes nahelegt (Abb. 106 a – b). Sehr wahrscheinlich wurde die Bordüre früher als die narrativen Abbildungen gestochen und war von Anfang an zur Nutzung für unterschiedliche biblische Bücher und nicht nur für das Buch Ester geplant. Man kann schließlich annehmen, dass Franck diese Schmuckbordüre bereits kannte, bevor er mit dem Entwurf seiner narrativen Szenen begann, und seine Kupferstiche dementsprechend so plante, dass sie sich in die vorgegebene Komposition einfügten. Es kann

---

95 Am Anfang und am Ende einzelner Bögen wurden halbe Blumenvasen abgedruckt.

7. Verzierte Ester-Rollen

Abb. 106 a: Der obere Rand der Ester-Rolle, JM New York: Ms F 837

Abb. 106 b: Der untere Rand der Ester-Rolle, JM New York: Ms F 837

angenommen werden, dass die Bordüren in allen Rollen in ein und derselben Werkstatt hergestellt wurden (Ester, Rut und Prediger), wo – im Fall der *Megillot Ester* – möglicherweise auch die narrativen Szenen von Franck entworfen und gedruckt worden sind. Doch der Text des biblischen Buchs wurde von unterschiedlichen Schreibern kopiert, was die unterschiedlichen Schrifttypen und Schreibpraktiken nahelegen.[96]

Jede Ester-Rolle besteht aus vier zusammen gebundenen Bögen[97] mit je vier Textkolumnen[98] und jeder einzelne Bogen enthält genau die gleichen Verzierungen (Farbabb. 30–34, S. 140–144). In der Bordüre bedecken raffinierte Ziermotive die 46 und 48 mm hohen oberen und unteren Seitenränder sowie die Räume zwischen den Textspalten, die ca. 30 mm breit sind. Die Zwischenräume werden von Wendelpilastern, an denen belaubte Zweige mit kleinen Früchten emporklettern (vielleicht sind das Olivenzweige), ausgefüllt. Die Seitenränder bedeckt ein dicht ausgebautes Akanthuswerk, in das die Büsten nackter Frauen und Vögel (vielleicht Pfauen und Phönixe) hineinkomponiert sind. Diese Motive bilden zusammen einen sehr attraktiven Hintergrund, auch wenn es nicht möglich ist, einen unmittelbaren Zusammenhang zum Text des Buches Ester herzustellen. Wahrscheinlich wurden diese Details von einem Musterstück kopiert, das lediglich als eine

---

96 Beispielsweise ist nur in einigen der Rollen die Sektion mit den aufgelisteten Namen der Söhne Hamans (Ester 9,6–10) in eigenen Kolumnen dargestellt; und nur in einigen der Rollen sind die Buchstaben des Tetragramms hervorgehoben – siehe Abbildung 3.

97 In der Rolle JM 304, JM, London ist der erste Bogen nicht mit den übrigen verbunden. Einzelne Exemplare unterscheiden sich ganz gering in Maßen, aber als deren Mittelmaß kann ca. 320 × 2520 mm angenommen werden (der erste und vierte Bogen messen ca. 680 mm, und der zweite und der dritte ca. 580 mm). Der Textpanel hat die Maße 120 × 208 mm.

98 Eine Ausnahme stellt die Rolle BCM 36, BC, Zürich dar, in der das vierte Blatt nur drei Textkolumnen enthält, insgesamt 15 und nicht 16 Kolumnen. Es ist klar, dass sein Teil dieses Blattes nicht mehr vorhanden ist, denn die Dekorationshälften – dort wo das dritte und vierte Blatt miteinander vernäht ist – gehören nicht zusammen.

Verzierung für den Text fungieren, ihn aber nicht bebildern sollte. Ähnlich verhält es sich mit den zwei Landschaften innerhalb der mit Blumen und Masken eingefassten Kartuschen in der Mitte der oberen und unteren Seitenränder jedes Bogens. Im Zentrum der ersten der beiden Landschaften befinden sich eine kleine Anhöhe mit einem Gebäude, das auf der linken Seite von einer Gebäudegruppe und im Hintergrund von weiteren Anhöhen umgeben ist. Dagegen befindet sich im Zentrum der zweiten Landschaft ein Baum und an der linken Seite ein schlossähnliches Gebäude mit Säulen (Farbabb. 30–34, S. 140–144).

Diese Darstellungen sind ebenfalls schwer mit der Purimerzählung zu verbinden, da sie die Landschaftsbilder der Epochen Renaissance und Barock abbilden. Eines der für diese Zeit typischen Stilmerkmale waren Architekturelemente, die genau wie in den Ester-Rollen von Weiten dargestellt und zwischen vereinzelten – oft hohen, mit einer dichten Krone versehenen Bäumen – oder in eine Baumgruppe hineinkomponiert waren. Sie bildeten den Hintergrund für die in der Bibel, der Mythologie oder der Schäferdichtung abgebildeten typischen Szenen, in denen menschliche Figuren verhältnismäßig klein dargestellt sind und lediglich eine Zugabe zu der gesamten Komposition waren. Als Beispiel können hier Bilder des französischen Landschaftsmalers Claude Gellée, bekannt als Le Lorrain (1600 oder 1604/1605 (?) – 1682) genannt werden; etwa das Bild »Landschaft mit einem tanzenden Satyr und der Nymphe« aus dem Jahr 1641 oder die »Landschaft mit einer Aussicht auf Ponte Molle« aus dem Jahr 1655[99], sowie Schäferlandschaften, die Le Lorrain in vielen verschiedenen Versionen herstellte.

Erwähnenswert ist auch, dass Jean Le Pautre (1618–1682) – einer der bedeutendsten Kupferstecher der französischen Barockepoche – ganz ähnliche Landschaften mit Bäumen (allerdings ohne Architekturelemente) zu den Schmuckbordüren als auch zu anderen Kompositionen hinzufügte.[100] Die oberen und unteren Seitenränder in den hier besprochenen Rollen weisen, unter dem Aspekt der Komposition betrachtet, viele Elemente der von Le Pautre entworfenen Ornamentik auf. Zu den wichtigsten von ihnen zählen die dichten, genau den verfügbaren Platz ausfüllenden Akanthusgeflechte mit den in sie hineinkomponierten Gestalten und Halbgestalten, die sehr häufig als Akte dargestellt sind. Diese und andere Musterstücke könnten

---

99 Siehe z. B. PIERRE ROSENBERG, DAVID MANDRELLA, REINHOLD BAUMSTARK (Hrsg.): Poussin, Lorrain, Watteau, Fragonard ... Französische Meisterwerke des 17. und 18. Jahrhunderts aus deutschen Sammlungen, Ostfildern 2005, S. 344–348; MARTIN SONNABEND, JON WHITELEY, CHRISTIAN RÜMELIN: Claude Lorrain: Die verzauberte Landschaft, Frankfurt am Main 2011; MARCEL ROETHLISBERGER: Art. »Lorrain (Claude Gellée, dit Claude«), in: Encyclopaedia Universalis 13, Paris 1990, S. 1043–1045.

100 JEAN LE PAUTRE: French Baroque Ornament, Mineola 2008 (Überarbeiteter Nachdruck von: Collection des plus belles compositions de Lepautre, Paris 1854), S. 21, 58 und 63.

Franck inspiriert haben, wobei nicht unerwähnt bleiben soll, dass ähnliche Details (z. B. Akanthus, *Putti*, Satyrn) auch in den reich verzierten *Megillot* gefunden werden können, die mithilfe von Feder und einer braunen Tinte oder Bister in Amsterdam in der 2. Hälfte des 17. Jahrhundert hergestellt wurden.[101] Andererseits könnten diese einfarbigen Zeichnungen auch die sogenannten *en grisaille* Bilder reflektieren, die Skulpturen imitieren und sehr populär im Holland, Deutschland und Frankreich des 17. und 18. Jahrhunderts waren. Ester-Rollen bilden ohne Zweifel die damalige Ästhetik der europäischen Kunst ab und höchstwahrscheinlich bedienten sich ihre Schöpfer der damals populären Ornamente.

Das kann auch durch den offensichtlichen Einfluss der Bilderbibel bewiesen werden, die Christoph Weigel (1654–1725) 1695 in Augsburg erstmals druckte. Weigels monumentales Werk *Biblia ectypa: Bildnussen auss Heiliger Schrifft dess Alt- und Neuen Testaments, in welchen Alle Geschichte und Erscheinungen deutlich und schrifftmässig zu Gottes Ehre und Andächtiger Seelen erbaulicher beschauung vorgestellet werden* [...], bekannt als *Biblia ectypa*, ist mit rund 830 hochwertigen Kupferstichen illustriert. Jeder der Kupferstiche ist mit kurzen Sprüchen in Latein (über der Zeichnung) und Deutsch (darunter in feiner Kalligraphie) gekennzeichnet. Unter diesen Kupferstichen gibt es sechs Szenen aus dem Buch Esther: 1) die Krönung Esthers (Ester 2,17), 2) Hatach, der den Brief von Mordechai (Ester 4,8) erhält, 3) den thronenden König Ahasveros und Triumpf des Mordechai (Ester 6,11), 4) das zweite Fest von Esther (Ester 7,1), 5) der König, dem Mordechai den Ring gebend und Esther das Zepter übergebend (Ester 8,2 und 4), 6) Esther bei ihrem Besuch des Königs in Ohnmacht fallend (Ergänzungen zum Buch Esther 15,11).

Auf den ersten Blick wird klar, dass die Szenen 2–4 stark mit den vier Erzählszenen verwandt sind, die in den Eröffnungs- und Endtafeln unserer Esther-Schriftrollen verwendet wurden. Diese Tatsache gibt Anlass genug für die Annahme, dass Franck mit der *Biblia ectypa* vertraut gewesen sein muss und er diese vier Kupferstiche als Prototypen für seine Zeichnungen nutzte. Damit können auch die Unterschiede im Stil zwischen diesen vier Szenen und den Dekorationen am oberen und unteren Rand der Schriftrollen erklärt werden. Die vier anderen Szenen in den Schriftrollen sowie die Miniaturszenen wurden auf der Grundlage einer unbekannten Quelle erstellt oder von Franck selbst erdacht.

Die Analyse der einzelnen Rollen führt des Weiteren zu der Annahme, dass die gewundenen Säulen mit den Verzierungen zwischen den Kolumnen sowie die Bordüren entlang der oberen und unteren Seitenränder mit

---

101 Beispielsweise in der Rolle von Raphael Montalto aus dem Jahre 1686 (Spencer Hebrew 3, New York Public Library, New York).

7. Verzierte Ester-Rollen

Abb. 107: Christoph Weigel: Biblia ectypa [...], Augsburg 1695, vier Kupferstiche mit Szenen aus dem Buch Esther, 77r, Polnische Nationalbibliothek (Biblioteka Narodowa), Warschau: A. 658/G.XVII/III-12 I

je einer einzigen Metallplatte auf alle vier Bögen[102] gedruckt wurden. Dagegen sind die oben beschriebenen kleinen Bilder über den Säulen einzeln mit kleinen Platten[103] gedruckt. Für diese Annahme sprechen die mitgedruckten Ränder der Platten, die rund um die Darstellungen sichtbar sind. Darüber hinaus ist einer der Abdrücke leicht schief[104], was ein offenkundiger Fehler der ausführenden Person ist. Diese kleine Unregelmäßigkeit wäre nicht passiert, wenn diese Verzierungen gleichzeitig, mit ein und derselben Platte gedruckt worden wäre. Erwähnenswert ist auch, dass die oben angeführten Bildelemente in den einzelnen Rollen in unterschiedlichen Reihenfolgen zu sehen sind oder manchmal sogar ganz ausgelassen wurden. Keine der fünf der Autorin bekannten Ester-Rollen beinhaltet genau die gleichen Darstellungen in derselben Reihenfolge. Hinsichtlich ihrer Auswahl und ihrer Reihenfolge ähneln sich zwei Rollen am meisten: nämlich die Handschrift BCM 36 der Braginsky Collection in Zürich und das Manuskript F 837 des Jewish Museum in New York. In diesen Rollen treten die Bilder in derselben Sequenz auf. Der einzige Unterschied zwischen ihnen besteht in dem Fehlen der Szene mit Ester, die vor dem Haus Hamans steht, in der New Yorker Handschrift. Bemerkenswert ist auch, dass in allen fünf Exemplaren nur die Szenen 1, 5, und 6 an den gleichen Stellen auftreten. Ein zusätzliches Argument für die Annahme, dass die oben erwähnten Szenen- und Personendarstellungen mit separaten Platten gedruckt wurden, ist der Fakt, dass manche Szenen in einigen der Rollen doppelt[105] auftreten, während sie in anderen wiederum ganz ausgelassen wurden (an deren Stelle wurden Blumenvasen abgedruckt). Dementsprechend lässt sich festhalten, dass die Rollen nicht identisch sind, obwohl höchstwahrscheinlich alle hier besprochenen Exemplare in der gleichen Werkstatt, die über denselben Satz der Kupferplatten verfügte, hergestellt wurden.

Bei der Anwendung der hier beschriebenen Kupferstichtechnik kann davon ausgegangen werden, dass die ursprüngliche Anzahl der *Megillot* mit diesen Verzierungen viel größer war als die wenigen, uns erhaltenen Exemplare suggerieren. Das Phänomen der Herstellung der Ester-Rollen in Serie, die mit ein und derselben Bordüre verziert sind, existierte bereits in der zweiten Hälfte des 17. Jahrhunderts in Italien. In einer Periode, die in die Entstehungszeit der Rollen, die von Franck illustriert wurden, fällt, kann diese Praxis ebenfalls in Holland (mit höchster Wahrscheinlichkeit in Amsterdam) beobachtet werden. In all diesen Rollen ist der Text der biblischen

---

102 Die Maße des Abdrucks sind ca. 308 × 580 mm. Es ist aber anzumerken, dass ein kleiner Teil des Abdrucks an der Seite immer eingebogen ist.
103 Die Maße der kleinen Bilder sind ca. 30 × 40 mm.
104 Vgl. Mordechai, auf einem Pferd sitzend in der Rolle C 1981.4.13.2, JM, London.
105 Zum Beispiel erscheint in der Rolle JM 304, JM, London zweifach die gleiche Darstellung der Königin Ester, die ein Zepter hält.

Bücher handschriftlich festgehalten, hingegen die Schmuckbordüren mithilfe von Metallmatrizen gedruckt. Die ältesten bekannten Ester-Rollen mit Kupferstichverzierungen sind bereits in der zweiten Hälfte des 16. Jahrhunderts hergestellt worden. Auch hier gibt es bereits einige Indizien dafür, dass die Bordüren nicht mit dem Gedanken an eine Verzierung des Buches Ester entstanden sind. Dementsprechend war die Technik, die für die Herstellung der Verzierungen der hier besprochenen Ester-Rollen aus der Prager Werkstatt angewandt wurde, nicht neu gewesen, sondern spiegelt ein Verfahren wider, dass durchaus seiner Zeit entsprach.

8. Schlussbemerkung
von ANNETT MARTINI

Die insgesamt nur zehn Wolfenbütteler hebräischen Schriftrollen repräsentieren exemplarisch ein enorm breites Spektrum der jüdischen Schriftkultur vom Mittelalter bis in die Neuzeit hinein. Die beiden großen Torarollen Cod. Guelf. 148 Noviss. 2° und Cod. Guelf. 149 Noviss. 2° stellen dabei allein durch ihr hohes Alter sicherlich das Zentrum der kleinen Schriftrollensammlung der Herzog August Bibliothek dar. Sie gehören zu den wenigen vollständig erhaltenen Torarollen aus der Zeit und gewähren dementsprechend seltene Einblicke in eine lebendige Schreibpraxis, deren kalligraphischer Formenreichtum sich in der frühen Neuzeit allmählich in einem stark standardisierten Schriftbild verlor. Die jüngeren Wolfenbütteler Torarollenfragmente dokumentieren diesen Prozess eindrücklich und sind insbesondere für das Studium der vielfältigen Buchstabenverzierungen von großem wissenschaftlichem Interesse.

Die fünf, teils fragmentarischen *Megillot* spiegeln – jede auf ihre spezielle Weise – unterschiedliche Schrifttraditionen der Frühen Neuzeit wider. Die beiden Rollen Rut und Prediger stechen allerdings durch ihre besondere Illuminierung durch Kupferstiche aus der Handschriftengruppe heraus. Im Vergleich mit ähnlich dekorierten Ester-Rollen konnte der Ursprung der aufwendigen Kupferstichbordüren der beiden Rollen in der Werkstatt des Prager Kupferstechers Philipp Jakob Franck ausgemacht werden. Die Arbeit des um 1700 wirkenden Künstlers zeigt, dass es durchaus Berührungspunkte zwischen jüdischer und christlicher Buchherstellung gab – und das, obwohl es sich um die Herstellung von liturgischen jüdischen Schriften handelte, die allerdings nicht nur in der Synagoge, sondern auch im privaten Raum gelesen wurden.

Insofern können die Wolfenbütteler hebräischen Rollen zu den herausragenden Zeugnissen jüdischer Schriftkultur gezählt werden, deren Studium tief in die zeitenthobene »Arbeit des Himmels«, nämlich das handschriftliche Kopieren liturgischer Schriften auf horizontalen Pergamentrollen, hineinführt.

Forschungsliteratur

BEIT-ARIÉ, MALACHI: Hebrew Codicology, Jerusalem 1981.

BÉNÉZIT, EMMANUEL; BUSSE, JACQUES: Dictionnaire des peintres, sculpteurs, dessinateurs et graveurs: de tous les temps et de tous les pays, Paris 1999.

BLAU, LUDWIG: Studien zum althebräischen Buchwesen und zur biblischen Litteratur- und Textgeschichte, Straßburg 1902 (Nachdr. 2012).

BLAU, LUDWIG: Massoretic Studies III/IV: The Division into Verses, in: Jewish Quarterly Review 9 (1897), S. 122–144 und 471–490.

BOAS, ERNEST A.: Die Wolfenbütteler Samson-Schule, in: Heimatbuch für den Landkreis Wolfenbüttel 38 (1992), S. 35–38.

COHEN, EVELYN M.; SCHRIJVER, EMILE; MINTZ, SHARON (Hrsg.): A Journey through Jewish Worlds: Highlights from the Braginsky Collection of Hebrew Manuscripts and Printed Books, Amsterdam 2009.

COHN, YEHUDAH B.: Tangled up in Text. Tefillin and the Ancient World (Brown Judaic Studies 351), Providence 2008.

CONRAD, JOACHIM: Die Entstehung und Motivierung alttestamentlicher Paraschen im Licht der Qumranfunde, in: Bibel und Qumran. Beiträge zur Erforschung der Beziehung zwischen Bibel- und Qumranwissenschaft, hrsg. von SIEGFRIED WAGNER (= Festschrift für Hans Bardtke), Berlin 1968, S. 47–56.

CROWN, ALLAN D.: Studies in Samaritan Scribal Practices and Manuscript History: III. Columnar Writing and the Samaritan Massorah, in: Bulletin of the John Rylands University Library 67 (1984), S. 349–381.

DLABAČ, BOHUMÍR JAN: Art. »Franck, P. J.«, in: Allgemeines historisches Künstler-Lexikon für Böhmen und zum Theil auch für Mähren und Schlesien, Prag 1815, col. 422.

GAERTRINGEN, JULIA FREIFRAU HILLER VON: Diese Bibliothek ist zu nichts verpflichtet außer zu sich selbst. Erhart Kästner als Direktor der Herzog August Bibliothek 1950–1968 (Wolfenbütteler Hefte 23), Wiesbaden 2009.

GINSBURG, CHRISTIAN D.: Introduction of the Massoretico-critical Edition of the Bible, London 1897.

GÜDEMANN, MORITZ: Zur Geschichte der Juden in Magdeburg, Breslau 1866.

HARAN, MENACHEM: Scribal Workmanship in Biblical Times: The Scrolls and the Writing Implements (heb.), in: Tarbiz 50 (1981), S. 65–87.

HARAN, MENACHEM: Book-Scrolls in Israel in Pre-Exilic Times, in: Journal of Jewish Studies 33 (1982), S. 161–173.

HARAN, MENACHEM: Bible Scrolls in Eastern and Western Communities, in: Hebrew Union College Annual 56 (1985), S. 21–62.

HUBMANN, FRANZ; OESCH, JOSEF M.: Betrachtungen zu den Torarollen der Erfurter Handschriften-Sammlung. Untersuchungen zu Gliederung und Sonderzeichen, in: Die jüdische Gemeinde von Erfurt und die SchUM-Gemeinden. Kulturelles Erbe und Vernetzung (Erfurter Schriften zur jüdischen Geschichte), hrsg. von Landeshauptstadt Erfurt, Stadtverwaltung, Bd. 1, Erfurt 2012, S. 96–116.

KÄRGLING, KARL-HEINZ: *Meideburg – du wol gebauwates hus*. Von den Schicksalen der Juden und Christen im mittelalterlichen Magdeburg, in: MATTHIAS PUHLE, GERD BIEGEL (Hrsg.): Hanse – Städte – Bünde: Die sächsischen Städte zwischen Elbe und Weser um 1500 (Ausst.-Kat. Kulturhistorisches Museum Magdeburg, Bd. 1), Magdeburg 1996, S. 250 – 266.

MAIER, JOHANN: Die Tempelrolle vom Toten Meer, München [u. a.] 1978.

MAORI, YESHAYAHU: The Tradition of Pisqa'ot in Ancient Hebrew MSS – The Isaiah Texts and Commentaries from Qumran, in: Textus 10 (1982), S. 1 – 50.

MARTIN, MALACHI: The Scribal Character of the Dead Sea Scrolls, Louvain 1958.

MARTINI, ANNETT: Ritual Consecration in the Context of Writing the Holy Scrolls: Jews in Medieval Europe between Demarcation and Acculturation, in: European Journal of Jewish Studies 11/2 (2017), S. 174 – 202.

MARX, ALEXANDER: Hebrew Manuscripts in Austria. Rez. zu: ARTHUR ZACHARIAS SCHWARZ: Die Hebräischen Handschriften in Österreich, Teil 1, Leipzig 1931, in: The Jewish Quarterly Review 24/1 (1933), S. 72 – 80.

MECKSEPER, CORD (Hrsg.): Stadt im Wandel. Kunst und Kultur des Bürgertums in Norddeutschland 1150 – 1650, Stuttgart-Bad Cannstatt 1985.

OESCH, JOSEF M.: Petucha und Setuma: Untersuchungen zu einer überlieferten Gliederung im hebräischen Text des Alten Testaments, Freiburg [u. a.] 1979.

OESCH, JOSEF M.: The Reading of the Bible in the Ancient Synagogue, in: Mikra. Text, Translation, Reading and Interpretation of the Hebrew Bible in Ancient Judaism and Early Christianity, hrsg. von MARTIN J. MULDER und HARRY SYSLING, Assen [u. a.] 1988, S. 137 – 159.

OESCH, JOSEF M.: Metatextelemente in hebräischen Torarollen, in: Von Sumer bis Homer. Festschrift für Manfred Schretter zum 60. Geburtstag am 25. Februar 2004, hrsg. von ROBERT ROLLINGER (Alter Orient und Altes Testament 325), Münster 2005, S. 521 – 533.

OLSZOWY-SCHLANGER, JUDITH: The Making of the Bologna Scroll: Palaeography and Scribal Traditions, in: The Ancient Sefer Torah of Bologna, hrsg. von MAURO PERANI, Leiden – Boston 2019, S. 107 – 134.

PAUTRE, JEAN LE: French Baroque Ornament, Mineola 2008 [= Überarbeiteter Nachdruck von: Collection des plus belles compositions de Lepautre, Paris 1854].

PENKOWER, JORDAN S.: The Ashkenazi Pentateuch Tradition as Reflected in the Erfurt Hebrew Bible Codices and Torah Scrolls, in: Zu Bild und Text im jüdisch-christlichen Kontext (Erfurter Schriften zur jüdischen Geschichte), hrsg. von Landeshauptstadt Erfurt, Stadtverwaltung und Universität Erfurt, Bd. 3, Erfurt 2014, S. 118 – 141.

PENKOWER, JORDAN S.: The 12th–13th Century Torah Scroll in Bologna: How It Differs from Contemporary Scrolls, in: The Ancient Sefer Torah of Bologna, S. 135 – 166.

PENKOWER, JORDAN S.: A Sheet of Parchment from a 10th or 11th Century Tora Scroll: Determining its Type among Four Traditions (Oriental, Sefardi, Ashkenazi, Yemenite), in: Textus 21 (2002), S. 235 – 264.

PERANI, MAURO: Textual and Para-textual Devices of the Ancient Proto-Sefardic Bologna Torah Scroll, in: The Ancient Sefer Torah of Bologna, hrsg. von MAURO PERANI, Leiden – Bosten 2019.

POOLE, JOHN B.; REED, RONALD: The Preparation of Leather and Parchment by the Dead Sea Scrolls Community, in: Technology and Culture 3 (1962), S. 1 - 26.

ROETHLISBERGER, MARCEL: Art. »Lorrain (Claude Gelleé, dit Claude)«, in: Encyclopaedia Universalis 13, Paris 1990, S. 1043 - 1045.

ROSENBERG, PIERRE [i. a. Hrsg.]: Französische Meisterwerke des 17. und 18. Jahrhunderts aus deutschen Sammlungen, Ostfildern 2005.

RYDER, MICHAEL L.: Remains Derived from Skin, in: Science and Archaeology, hrsg. von DON R. BROTHWELL und ERIC S. HIGGS, London 1970, S. 539 - 554.

SCHMIDT, HERRMANN: Erzbischof Albrecht II. von Magdeburg, in: Geschichts-Blätter für Stadt und Land Magdeburg 16/1 (1881), S. 1 - 33.

SIXTOVA, OLGA: O svitku/Form of the Scroll [katalog k výstavě konané v Galerii Roberta Guttmanna Židovského muzea v Praze od 22. června do 26. července 2006], Prag 2006.

SONNABEND, MARTIN; WHITELEY, JON; RÜMELIN, CHRISTIAN: Claude Lorrain: Die verzauberte Landschaft, Frankfurt a. M. 2011.

STEMBERGER, GÜNTER: Die Megillot als Festlesungen der jüdischen Liturgie, in: Jahrbuch für biblische Theologie 18 (2003), S. 261 - 276.

STIJNMAN, AD: Engraving and Etching 1400 - 2000. A History of the Development of Manual Intaglio Printmaking Processes, London 2012.

TOMAN, PROKOP: Nový slovník československých výtvarných umělců. Sv. 1 - 2, Prag 1947 - 1950, Nachdruck: Ostrava 1993.

TOV, EMANUEL: Der Text der Hebräischen Bibel. Handbuch der Textkritik, Stuttgart [u. a.] 1997.

TOV, EMANUEL: Scribal Practices and Approaches Reflected in the Texts Found in the Judean Desert, Leiden [u. a.] 2004.

TSCHISCHKA, FRANZ: Kunst und Alterthum in dem österreichischen Kaiserstaate, Wien 1836.

TWERSKI, CHAIM E.: The Use of Modern Inks for Sifrei Torah, in: Journal of Halacha and Contemporary Society 15 (1988), S. 68 - 76.

WÜNSCHE, AUGUST: Aus Israels Lehrhallen, Bd. 4, Leipzig 1909, Nachdruck: Hildesheim ²1967.

YADIN, YIGAEL: Tefillin (Phylacteries) from Qumran (heb.), in: Eretz-Israel 9 (1969), S. 60 - 83.

Farbabbildungen

Farbabb. 1: Die Magdeburger Torarolle, HAB: Cod. Guelf. 148 Noviss. 2°, Image eb. 03

Farbabb. 2: Das Widmungsbild mit dem Magdeburger Stadtwappen,
HAB: Cod. Guelf. 148 Noviss. 2°, Image eb. 01

Farbabbildungen 127

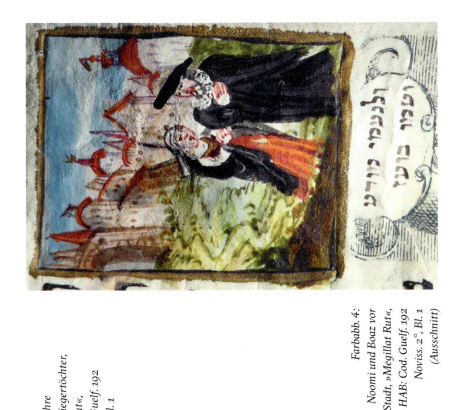

Farbabb. 3:
Noomi und ihre
beiden Schwiegertöchter,
»Megillat Rut«,
HAB: Cod. Guelf. 192
Noviss. 2°, Bl. 1
(Ausschnitt)

Farbabb. 4:
Noomi und Boaz vor
der Stadt, »Megillat Rut«,
HAB: Cod. Guelf. 192
Noviss. 2°, Bl. 1
(Ausschnitt)

Farbabb. 6:
Rut im Bett von Boaz,
»Megillat Rut«,
HAB: Cod. Guelf. 192
Noviss. 2°, Bl. 2
(Ausschnitt)

Farbabb. 5:
Rut bei der Feldarbeit,
»Megillat Rut«,
HAB: Cod. Guelf. 192
Noviss. 2°, Bl. 1
(Ausschnitt)

Farbabbildungen 129

Farbabb. 8:
Verhandlung in
der Tischrunde,
»Megillat Rut«,
HAB: Cod. Guelf. 192
Noviss. 2°, Bl. 2
(Ausschnitt)

Farbabb. 7:
Boaz mit den zehn
Männern am Tor,
»Megillat Rut«,
HAB: Cod. Guelf. 192
Noviss. 2°, Bl. 2
(Ausschnitt)

Farbabb. 10: Eine Gruppe von sieben Mädchen oder Esters Mägde, »Megillat Ester«, JM New York: F 837, Bl. 2 (Ausschnitt)

Farbabb. 9: König Salomon, »Megillat Kohelet«, HAB: Cod. Guelf. 193 Noviss. 2°, Bl. 1 (Ausschnitt)

Farbabb. 12: König Ahasveros mit einem Zepter, »Megillat Ester«, JM New York: Ms F 837, Bl. 1 (Ausschnitt)

Farbabb. 11: »Ort des Gerichts«, Prediger 3,16, »Megillat Kohelet«, HAB: Cod. Guelf. 193 Noviss. 2°, Bl. 1 (Ausschnitt)

Farbabb. 14: Der König Ahashveros, dem Haman einen Ring überreichend, »Megillat Ester«, JM New York: Ms F 837, Bl. 3 (Ausschnitt)

Farbabb. 13: »Jeder Mensch, der isst und trinkt«, Prediger 3,13, »Megillat Kohelet«, HAB: Cod. Guelf. 193 Noviss. 2°, Bl. 2 (Ausschnitt)

Farbabb. 16: Königin Ester mit dem Zepter, »Megillat Ester«, JM New York: Ms F 837, Bl. 1 (Ausschnitt)

Farbabb. 15:
»Ich machte mir Gärten«,
Prediger 2,5 und 6,
»Megillat Kohelet«,
HAB: Cod. Guelf. 193
Noviss. 2°, Bl. 2
(Ausschnitt)

Farbabb. 18: Bigtam und Teresch am Galgen hängend, »Megillat Ester«, JM New York: Ms F 837, Bl. 2 (Ausschnitt)

Farbabb. 17: »Das Herz der Narren«, Prediger 7,4, »Megillat Kohelet«, HAB: Cod. Guelf. 193 Noviss. 2°, Bl. 3 (Ausschnitt)

Farbabbildungen 135

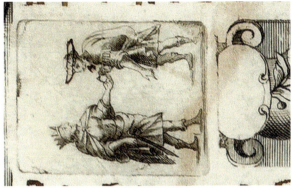

Farbabb. 20: Der König Ahashveros, dem Mordechai einen Ring überreichend, »Megillat Ester«, JM New York: Ms F 837, Bl. 2 (Ausschnitt)

Farbabb. 19:
»Es gibt kein Entkommen im Krieg«, Prediger 8,8, »Megillat Kohelet«, HAB: Cod. Guelf. 193 Noviss. 2°, Bl. 3 (Ausschnitt)

Farbabb. 22: Mordechai mit einem offenen Buch vor Haman, »Megillat Ester«, JM New York: Ms F 837, Bl. 3 (Ausschnitt)

Farbabb. 21: »Ein lebendiger Hund ist besser als ein toter Löwe«, Prediger 9,4, »Megillat Kohelet«, HAB: Cod. Guelf. 193 Noviss. 2°, Bl. 3 (Ausschnitt)

Farbabbildungen   137

Farbabb. 24: Haman vor der Königin Ester um Gnade flehend, »Megillat Ester«, JM New York: Ms F 837, Bl. 4 (Ausschnitt)

Farbabb. 23: Musikszene, »Megillat Kohelet«, HAB: Cod. Guelf. 193 Noviss. 2°, Bl. 4 (Ausschnitt)

138   Farbabbildungen

Farbabb. 27. Königin Ester, einen Purimbrief schreibend, »Megillat Ester«, JM New York: Ms F 837, Bl. 4 (Ausschnitt)

Farbabb. 26: »Und er schrieb recht die Worte der Wahrheit«, Prediger 12,10, »Megillat Kohelet«, HAB: Cod. Guelf. 193 Noviss. 2°, Bl. 4 (Ausschnitt)

Farbabb. 25: »Lasse dein Brot auf dem Wasser fahren«, Prediger 11,1.

»Megillat Kohelet«, HAB: Cod. Guelf. 193 Noviss. 2°, Bl. 4. In der Ester-Rolle Ms F 837 (JM New York) ist die hier durchscheinende Szene „Die Königin Ester vor dem Hause des Haman" nicht abgebildet. Sie kann aber online innerhalb der Ester-Rolle BCM 36 (Braginsky Collection) betrachtet werden.

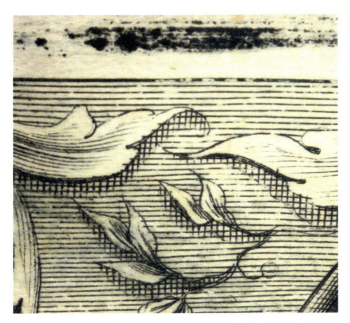

Farbabb. 28: »Megillat Rut«, blaue Druckfarbe, HAB: Cod. Guelf. 192 Noviss. 2°, Bl. 2 (Ausschnitt)

Farbabb. 29: »Megillat Kohelet«, schwarze Druckfarbe, HAB: Cod. Guelf. 193 Noviss. 2°, Bl. 1 (Ausschnitt)

Farbabb. 30: »Megillat Ester«, JM New York: Ms F 837, Bl. 1

Farbabb. 31: »Megillat Ester«, JM New York: Ms F 837, Bl. 1 und 2

Farbabb. 32: »Megillat Ester«, JM New York: Ms F 837, Bl. 2 und 3

Farbabb. 33: »Megillat Ester«, JM New York: Ms F 837, Bl. 3

Farbabb. 34: »Megillat Ester«, JM New York: Ms F 837, Bl. 4

Personenregister

A

AARON BEN ASCHER 29
ABRAHAM BEN NATHAN HA-JARHI 18 f.
ALBRECHT II. (Erzbischof von Magdeburg) 34
AQUIN, THOMAS VON 109

B

BAUKS, MICHAELA 96
BAUMSTARK, REINHOLD 113
BÉNÉZIT, EMANUEL 109
BIEGEL, GERD 34
BLAU, LUDWIG 13, 15, 20
BOAS, ERNEST A. 83
BRECHLER, ANTON FRANZ (PRECHLER, PRÖCHLER) 109
BROTHWELL, DON R. 13
BRUNS, PAUL JAKOB 40
BUDZIOCH, DAGMARA 10, 106
BUSSE, JACQUES 109

C

CARO, JOSEF 30
COHEN, EVELYN M. 108
COHN, YEHUDAH B. 14
CONRAD, JOACHIM 20
CORBACH, ALMUTH 10
CROWN, ALLAN D. 14

D

DLABAČ, JAN B. 109
DREYHAUPT, JOHANN CHRISTOPH VON 35

E

ELIEZER BEN SAMUEL aus Metz 16
ERNST VON SACHSEN 34 f.

F

FRANCK (FRANK), PHILIPP JAKOB 9, 108 f., 111, 114, 118
FRANCK, FRANZ FRIEDRICH 109

FRANCK, HANS ULRICH 109
FRANCK, JOHANN 109
FROJMOVIC, EVA 106

G

GANZFRIED, SALOMON 74 f., 77, 79
GELLÉE, CLAUDE 113
GINSBURG, CHRISTIAN D. 20 f.
GOLDSCHMIDT, LAZARUS 13
GÜDEMANN, MORITZ 34

H

HARAN, MENACHEM 13, 15 f.
HEITZMANN, CHRISTIAN 10
HIGGS, ERIC S. 13
HILLER VON GAERTRINGEN, JULIA FREIFRAU 85
HUBMANN, FRANZ D. 11, 22, 30 f.

J

JAKOB BEN ASCHER 22, 48 f., 51, 58, 62 f.
JAKOB BEN MEIR TAM 16
JANICKE, KARL 34
JELLINEK, ADOLPH 27
JOM TOV LIPMANN 26
JULIUS VON BRAUNSCHWEIG UND LÜNEBURG 32 f.

K

KÄRGLING, KARL-HEINZ 34 f.
KÄSTNER, ERHART 85
KOENEN, KLAUS 96

L

LE PAUTRE, JEAN 113
LESSER, BERTRAM 10, 39

M

MÄHLER, KATHARINA 10
MAIMONIDES, MOSES 17 f., 22, 30, 44, 58
MANDRELLA, DAVID 113
MAORI, YESHAYAHU 20
MARELLI, ANDREA 106
MARTINI, ANNETT 12, 14, 17, 103

MARTIN, MALACHI 20
MARX, ALEXANDER 109
MECKSEPER, CORD 32
MEIR BEN TODROS ABULAFIA 22
MENACHEM BEN SOLOMON MEIRI 44 f., 47
MESCHI-SAHAV, MENACHEM M. 26
MILCHSACK, GUSTAV 41
MINTZ, SHARON 10, 108
MONTALTO, RAPHAEL 114
MORITZ, ANTON 32
MULDER, MARTIN J. 20

N
NARKISS, BEZALEL 53

O
OESCH, JOSEF M. 11, 20, 22, 30 f.
OLSZOWY-SCHLANGER, JUDITH 11 f.
OTHO, LIBORIUS 40, 53

P
PENKOWER, JORDAN S. 11, 30
PERANI, MAURO 11 f.
POOLE, JOHN B. 13
PUHLE, MATTHIAS 34

R
RABBENU JOEL 51
RAŠI (SCHLOMO BEN ISAAK) 20
REED, RONALD 13
ROETHLISBERGER, MARCEL 113
ROLLINGER, ROBERT 22
ROSENBERG, PIERRE 113
RÜMELIN, CHRISTIAN 113
RUPRECHT VON QUERFURT (Erzbischof von Magdeburg) 34
RYDER, MICHAEL L. 13

S
SAMSON, PHILIPP 83
SCHLOMO BEN BUJAA 29
SCHMIDT, HERRMANN 35
SCHRADER, CHRISTOPH 40

SCHRIJVER, EMILE 10, 108
SIXTOVÁ, OLGA 108
SONNABEND, MARTIN 113
STEMBERGER, GÜNTER 73
STIJNMAN, AD 10, 99, 102 f.
SYSLING, HARRY 20

T
TOMAN, PROKOP 108
TOV, EMANUEL 14, 20 f., 25, 30
TSCHISCHKA, FRANZ 109
TWERSKI, CHAIM E. 18

V
VOIT, PETR 108

W
WAGNER, SIEGFRIED 20
WERTHEIMER, SIMON A. 19
WHITELEY, JON 113
WILHELM, KURT (Landesrabbiner) 83, 85, 93
WITTE, MARKUS 96
WÜNSCHE, AUGUST 27

X
XAVER, FRANZ 109